Malabares - desde la Antigüedad hasta la Edad Media

La historia olvidada de lanzar y cachar

Thom Wall

Dedicado a mis amigos malabaristas
alrededor del mundo.

Escrito por Thom Wall

Editado por Megan Gendell y Carly Schuna

Traducido por Ximo Sanç i Silvestre y Andrés Aguilar Larrondo

Cubierta por Sam Washburn

Copyright 2020

Versión 1.0

Modern Vaudeville Press

Filadelfia, Pensilvania, EE. UU.

ISBN (versión impresa): **978-1-7339712-6-3**

•

Derechos de propiedad intelectual: En virtud del artículo 107 de la Ley de Derechos de Autor de 1976, se permite el "uso razonable" para fines tales como la crítica, el comentario, el reportaje periodístico, la enseñanza, el estudio y la investigación. El "uso razonable" es un uso permitido por la ley de derechos de autor que, de otra manera, podría estar infringiendo. Los fines sin ánimo de lucro, educativos o personales se consideran de "uso razonable".

Al igual que con cualquier obra de carácter histórico, espero no haber cometido errores de omisión ni de comisión. Sin embargo, aceptaré gustosamente críticas constructivas y correcciones para ediciones futuras.

... la práctica [del malabarismo] parece ser de la antigüedad más remota, casi coetánea de la especie humana. Por lo tanto, intentar averiguar cuándo se inventó es tarea inútil.

J. Frederick Lake Williams, *An Historical Account of Inventions and Discoveries in Those Arts and Sciences [Relato histórico de las invenciones y descubrimientos en esas artes y ciencias]*

TABLA DE CONTENIDO

Cronología de los Malabares	xi
Prólogo	xiii
Introducción	xvii
El Antiguo Egipto	19
Nota Acerca de la Ilustración de Wilkinson de 1837	25
La Antigua Roma	29
Nota Acerca de la Tomba dei Giocolieri	39
La Antigua Grecia	41
Israel y Babilonia	47
India	55
China	65
Japón	71
Rusia	77
Las Islas Británicas	83
España	95
Posición Social del Malabarista en Europa	101
El Pacífico Sur	105
México	111
Nota Sobre el "Malabarista de Origen Tolteca"	117
Los Vikingos	119
Culturas Indígenas y Nómadas	121
Entonces, ¿Qué significa todo esto?	125
¿Qué es exactamente juggling? Notas sobre su Etimología	127
Auge del Malabarismo tal como lo Conocemos	131
Bibliografía	145
Agradecimientos	169
Sobre el Autor	171
¡Libro electrónico gratis!	173
Otros Títulos de Modern Vaudeville Press	175

x | Juggling: From Antiquity to the Middle Ages

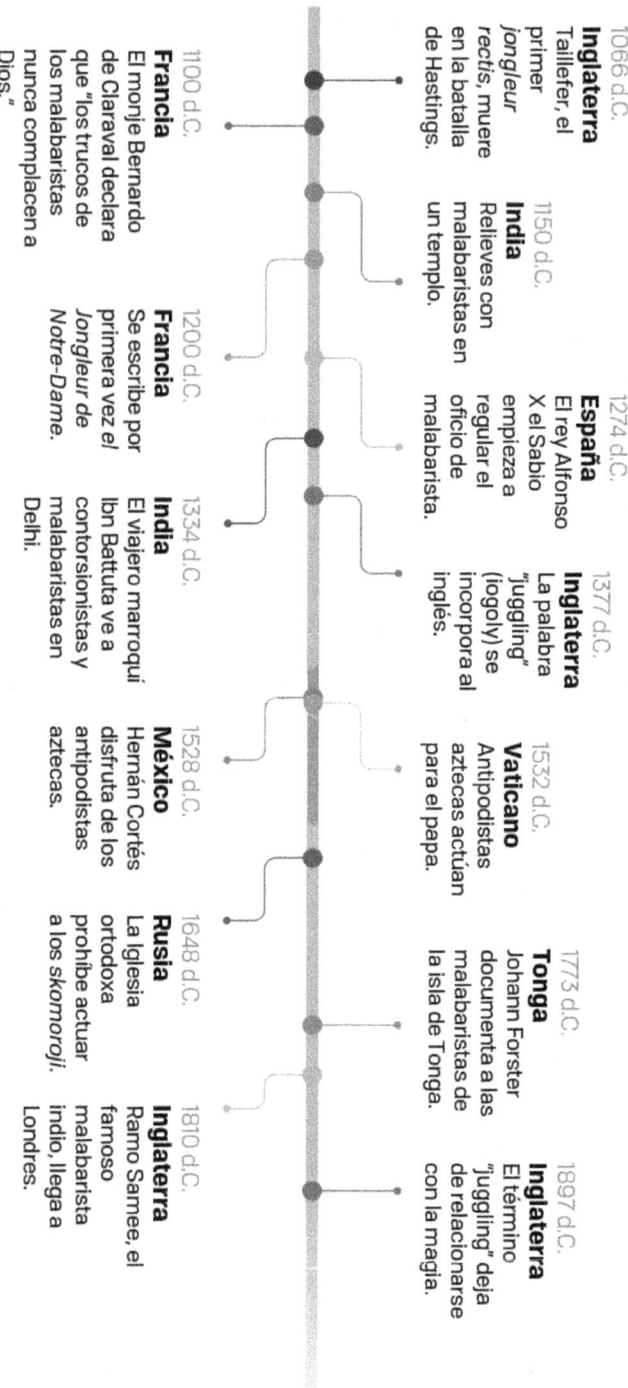

1066 d.C.
Inglaterra
Taillefer, el primer *jongleur rectis*, muere en la batalla de Hastings.

1150 d.C.
India
Relieves con malabaristas en un templo.

1200 d.C.
Francia
Se escribe por primera vez el *Jongleur de Notre-Dame*.

1274 d.C.
España
El rey Alfonso X el Sabio empieza a regular el oficio de malabarista.

1334 d.C.
India
El viajero marroquí Ibn Battuta ve a contorsionistas y malabaristas en Delhi.

1377 d.C.
Inglaterra
La palabra "juggling" (iogoly) se incorpora al inglés.

1528 d.C.
México
Hernán Cortés disfruta de los antipodistas aztecas.

1532 d.C.
Vaticano
Antipodistas aztecas actúan para el papa.

1648 d.C.
Rusia
La Iglesia ortodoxa prohíbe actuar a los *skomoroji*.

1100 d.C.
Francia
El monje Bernardo de Claraval declara que "los trucos de los malabaristas nunca complacen a Dios."

1773 d.C.
Tonga
Johann Forster documenta a las malabaristas de la isla de Tonga.

1810 d.C.
Inglaterra
Ramo Samee, el famoso malabarista indio, llega a Londres.

1897 d.C.
Inglaterra
El término "Juggling" deja de relacionarse con la magia.

CRONOLOGÍA DE LOS MALABARES

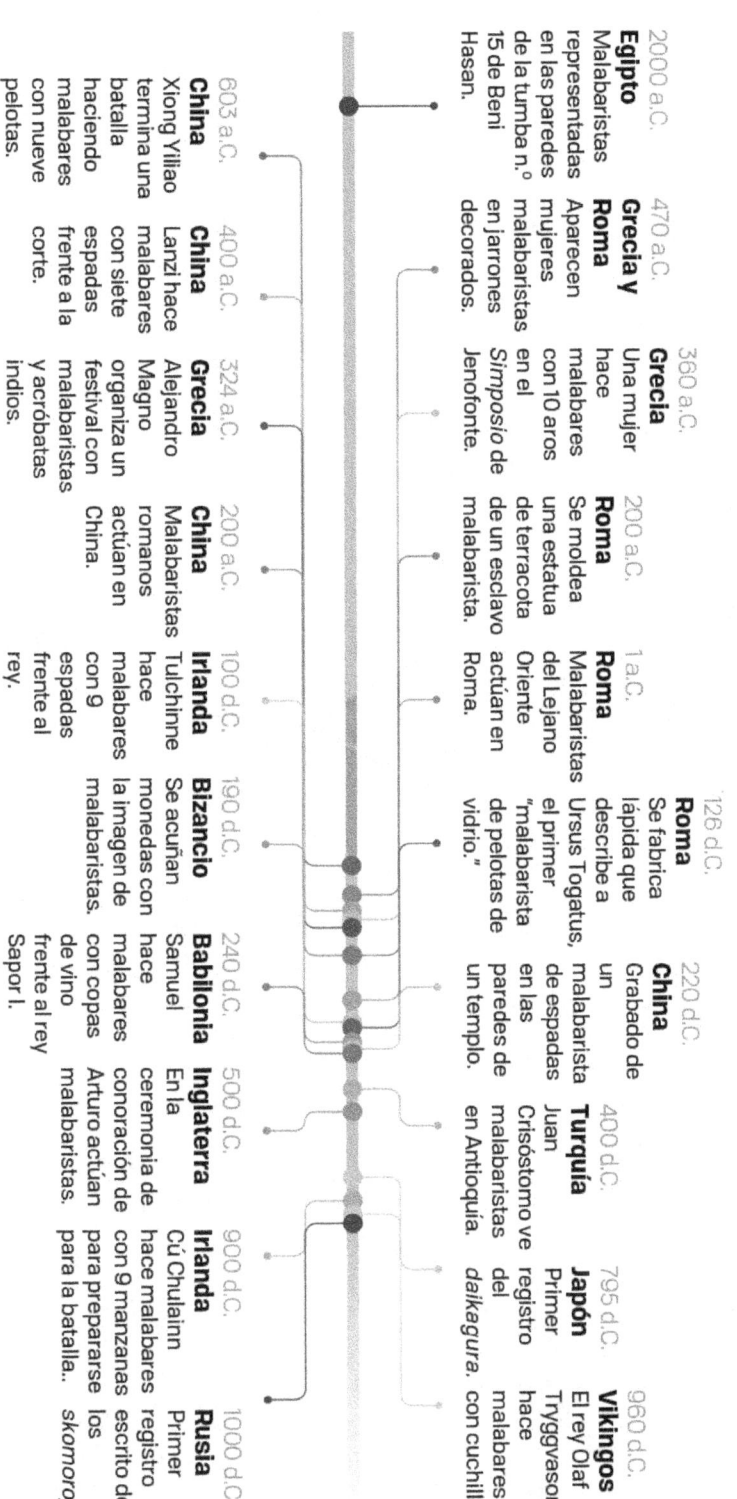

2000 a.C. Egipto
Malabaristas representadas en las paredes de la tumba n.º 15 de Beni Hasan.

470 a.C. Grecia y Roma
Aparecen mujeres malabaristas en jarrones decorados.

400 a.C. China
Xiong Yiliao termina una batalla haciendo malabares con nueve pelotas.

360 a.C. Grecia
Una mujer hace malabares con 10 aros en el *Simposio* de Jenofonte.

324 a.C. Grecia
Alejandro Magno organiza un festival con malabaristas en China.

200 a.C. Roma
Se moldea una estatua de terracota de un esclavo malabarista.

200 a.C. China
Lanzi hace malabares con siete espadas frente a la corte.

1 a.C. Roma
Malabaristas del Lejano Oriente actúan en Roma.

100 d.C. Irlanda
Tulchinne hace malabares con 9 espadas frente al rey.

126 d.C. Roma
Se fabrica lápida que describe a un malabarista Ursus Togatus, el primer "malabarista de pelotas de vidrio."

190 d.C. Bizancio
Se acuñan monedas con la imagen de malabaristas.

220 d.C. China
Grabado de malabaristas en las paredes de un templo.

240 d.C. Babilonia
Samuel hace malabares con copas de vino frente al rey Sapor I.

400 d.C. Turquía
Juan Crisóstomo ve malabaristas en Antioquía.

500 d.C. Inglaterra
En la ceremonia de conoración de Arturo actúan malabaristas.

795 d.C. Japón
Primer registro hace *daikagura*.

900 d.C. Irlanda
Cú Chulainn hace malabares con 9 manzanas para prepararse para la batalla.

960 d.C. Vikingos
El rey Olaf Tryggvason hace malabares con cuchillos.

1000 d.C. Rusia
Primer registro escrito de los *skomoroji*.

Prólogo

Malabares: una actividad arquetípica de la humanidad.

LOS MALABARES SE DESCUBRIERON en diferentes culturas aisladas unas de otras, lo cual constituye un fenómeno interesante. Tal vez exista un instinto primario de explorar objetos inherente a los seres humanos, y tras haberlo hecho durante suficiente tiempo se hayan descubierto los malabares.

Los historiadores del malabarismo están tratando poco a poco de atar cabos de manera coherente para determinar qué son los malabares y cómo se desarrollaron.

Lo que ahora vemos como "juegos malabares" eran solo un truco en el repertorio del "malabarista" medieval, que era un artista de múltiples habilidades que aún no se habían discernido unas de otras en términos lingüísticos y conceptuales. Los "malabares" como concepto específico y similar a como lo entendemos hoy en día no surgieron hasta finales del siglo XIX. Las clavas de malabares no llegaron hasta alrededor de 1880. Los aros de malabares, los planos que utilizamos actualmente, no se popularizaron hasta la década de 1930. Me parece un arte considerablemente nuevo. El mantra que a los malabaristas les encanta repetir, que "los malabares tienen 4000 años", no es que no sea cierto… pero puede resultar engañoso si uno no sabe cómo se ha desarrollado este arte. Entender esto ha tenido amplias repercusiones en mi desarrollo como malabarista y en mi práctica diaria. Cuando me di cuenta de esto, fue como si se me hubiera revelado un conjunto secreto de ideas, ocultas a otros malabaristas.

Cuando conocí a Thom Wall en un festival de malabares, me percaté inmediatamente de que él había tenido una experiencia similar. Lo noté en pequeños detalles como la forma en que hacía un truco o había construido alguno de sus accesorios. ¿Qué había leído? ¿Con quién había hablado? ¿Qué foto antigua había encontrado que le hubiera inspirado estas ideas? Debe haber sido extremadamente observador.

Uno de los malentendidos más comunes en relación con la historia de los malabares, repetido una y otra vez para nuestro perjuicio, es que en 1680 existía un "taller de malabares" con un "maestro malabarista". Según cuenta la historia, el Ayuntamiento de Núremberg contrató a un "maestro de pelota" para que diera un espectáculo y enseñara malabares. Cuando el historiador del malabarismo Hermann Sagemüller leyó esta historia, supo instintivamente que algo no cuadraba. No sabía nada sobre este caso en particular, pero sabía lo suficiente sobre los malabares y sobre su historia como para que le rechinara. Sabía que el malabarismo no existía en 1680, al menos en el sentido moderno de la palabra. En aquellos tiempos era imposible que existieran los maestros de malabares y, desde luego, el gobierno no contrataría a uno para que impartiera lecciones en la plaza del pueblo. Sagemüller se comprometió a investigar y encontró la fuente erróneamente interpretada en un viejo periódico. Resultó que este "maestro de pelota" estaba involucrado en algún otro juego de pelota que no tenía nada que ver con los malabares. En nuestro ámbito de las artes escénicas no se había investigado nunca esta granularidad: apenas ahora estamos descubriendo los hechos.

Si ya son pocos los amantes de la historia de los malabares, entonces los entusiastas con un enfoque académico escasean aún más. Las personas que tienen una comprensión técnica de los juegos malabares y que son capaces de realizar investigaciones académicas —que pueden hacer deducciones acertadas sobre hechos históricos contando con pruebas materiales limitadas— se pueden contar con los dedos de un malabarista de motosierras con un solo brazo.

El trabajo de Thom Wall es de gran valor para el mundo del malabarismo. No solo por la gran meticulosidad de su investigación, estudiando la documentación primaria y proporcionándonos sus fuentes, sino también porque ha desarrollado una profunda comprensión de la historia de los malabares. Thom consigue formarse una perspectiva global y conectar los fragmentos de la historia para hacer una descripción coherente y comprensible.

Este libro constituye una base magnífica para quien desee formarse una idea propia sobre este tema.

Erik Åberg
Estocolmo, 2018

Introducción

... la danza, por su propia forma, particularmente desde una perspectiva histórica, no deja ningún rastro más allá de las descripciones proporcionadas en palabras o en aguafuertes y fotografías ocasionales... Por esta razón se ha perdido gran parte de la historia de la danza.

Adrienne Sansom, The Praeger Handbook of Education and Psychology [Manual Praeger de educación y psicología], "Rudolph von Laban"

CON LA DANZA OCURRE lo mismo que con los malabares: en cuanto el artista termina su rutina, su función deja de existir más allá de la memoria de su público. No hay ningún registro permanente de lo acontecido, así que estudiar las antiguas raíces del malabarismo es una tarea plagada de dificultades.

Al consultar los registros existentes advertimos que los malabares parecen haber surgido en la antigüedad en diferentes culturas del mundo. Existen pinturas en Egipto con malabaristas en plena acción que se remontan al 2000 a. C. Las historias de la isla de Tonga asocian la creación de los juegos malabares con su diosa del inframundo, un personaje que guarda una cueva desde tiempos inmemoriales. Los rituales y juegos malabares son omnipresentes en culturas inuits aisladas entre sí y distribuidas por el norte de Canadá y Groenlandia. Aunque la primera representación del malabarismo tiene una antigüedad de 4000 años, la práctica es sin duda mucho más antigua, de la misma manera que los seres humanos ya cantaban y bailaban mucho antes de que se tallara la primera flauta a partir de un hueso.

Este libro es un intento de catalogar esta historia tangible del malabarismo en la humanidad. Es la historia de los malabares, representada en el arte y la escritura de todo el mundo, a través del tiempo.

Aunque se ha escrito mucho acerca de los malabaristas modernos (artistas específicos, sus accesorios y sus rutinas), poco se ha dicho sobre quienes empezaron a desarrollar este arte. Ahora que los malabares están iniciando su edad de oro en esta era de internet, *Malabares: desde la antigüedad hasta la Edad Media* ofrece una mirada hacia el pasado, a los orígenes de nuestra manifestación artística.

Este libro es el producto de la investigación en fuentes primarias, secundarias y terciarias. Siempre que ha sido posible, he tratado de encontrar y utilizar fuentes primarias, pero algunas de ellas no se pueden consultar sin tener una titulación en lenguas antiguas o acceso a museos y archivos en tierras lejanas.

Como tal, este trabajo constituye una colección de investigaciones en torno al malabarismo que combina escritos contemporáneos sobre la historia de este arte con fuentes mucho más antiguas. Desde una perspectiva académica, esto puede ser problemático, ya que el estatus del malabarista en la sociedad ha cambiado en diferentes culturas a través del tiempo. Estas perspectivas culturales influyen en los autores de fuentes secundarias y en lo que escriben sobre los malabares.

He intentado interpretar con ojo crítico todas las fuentes mencionadas en este trabajo, pero si no se usan exclusivamente las fuentes primarias es imposible considerarlo completo, definitivo ni estrictamente científico.

Así, me atrevo a retar a los futuros escritores sobre la historia de los malabares a que se esfuercen por encontrar textos primarios olvidados y a que sigan llenando las lagunas de nuestro conocimiento. Este libro es un paso adelante hacia una mejor comprensión de la historia de los malabares, pero el trabajo está lejos de ser completo.

Thom Wall

París, 2018

El Antiguo Egipto

NUESTRA HISTORIA COMIENZA EN las paredes de la tumba n.º 15 de Beni Hasan. Esta particular tumba del cementerio, que tiene 4000 años de antigüedad, es el lugar de descanso de Baqet III, gobernador de una zona conocida como *nomo del Orix* (Newberry, 1893).

Malabaristas de la tumba de Tebas n.º 15, en Beni Hasan. En esta ilustración aparece erróneamente un cuarto malabarista atrapando una pelota. Esta persona en realidad no está representada en el friso de Beni Hasan (Boeckman, 2003). De Manners and Customs of the Ancient Egyptians *(vol. 2, págs. 66-67), por J. G. Wilkinson, 1837, Londres.*

La práctica egipcia de lanzar y cachar con habilidad, probablemente denominada *jmd* [1] en aquella época (Decker, 1992), fue documentada

---

1 Al igual que ocurre con el árabe y el hebreo modernos, las palabras de la lengua egipcia antigua se forman a partir de raíces. Los grupos triconsonánticos se colocan en patrones fijos con prefijos, sufijos e infijos, junto con las vocales no escritas que los hablantes podían intuir al leer.

Puesto que ya no existían hablantes del egipcio antiguo cuando se descubrió la piedra de Rosetta y la lengua egipcia no consiguió descifrarse hasta principios del siglo XIX, la

por primera vez en 1837 por Sir John Gardner Wilkinson en el segundo libro de su obra de cinco volúmenes llamada The Manners and Customs of the Ancient Egyptians [Usos y costumbres de los antiguos egipcios]. Esto es lo que escribió:

"El juego de pelota no estaba restringido a los niños ni a ninguno de los sexos, aunque la mera diversión de lanzar y cachar parece haber sido algo más propio del sexo femenino. Tenían diferentes formas de jugar... a veces demostraban su habilidad cachando tres o más pelotas seguidas, con los brazos cruzados ocasionalmente sobre el pecho" (Wilkinson, 1837).[2]

Chicas jugando con la pelota, 15.ª tumba de Beni Hasan. De Beni Hasan *(vol. II), por P. E. Newberry, 1893, Londres: Egypt Exploration Society.*

Curiosamente, esta no es la única representación de un juego de pelota en las tumbas de Beni Hasan. En la tumba n.° 17, en ese mismo complejo de Kheti —un gobernador provincial o *nomarca* de la XI dinastía (Decker, 1992)—, hay representaciones pictóricas de mujeres en escenas similares, jugando con pelotas y realizando acrobacias (Newberry, 1893).[3]

---

pronunciación del idioma sigue siendo un misterio. En nuestro caso, sabemos que la raíz de la palabra de este juego de pelota egipcio era *jmd*, pero solo podríamos conjeturar la pronunciación de la palabra completa (Gadalla, 2016).

2   Aunque algunos estudiosos han especulado sobre la posible conexión entre los malabares y juegos de pelota egipcios y los grecorromanos, el egiptólogo Wolfgang Decker refuta esa afirmación en su libro definitivo *Sports and Games of Ancient Egypt* [*Deportes y juegos del antiguo Egipto*] (Decker, 1992).

3   Los juegos de pelota que suelen representarse tienen reglas sofisticadas. Si una jugadora dejaba caer la pelota, se le "obligaba a aguantar que otra persona se le subiera a la espalda, quien seguiría disfrutando de ese lugar hasta que también a ella se le cayera: la pelota la lanzaba una mujer que hacía de contrincante, montada de la misma forma, y

Sin embargo, Wilkinson deduce a partir de la vestimenta y los peinados de las mujeres representadas en las pinturas de Beni Hasan que no eran simples aficionadas. Más bien, afirma que

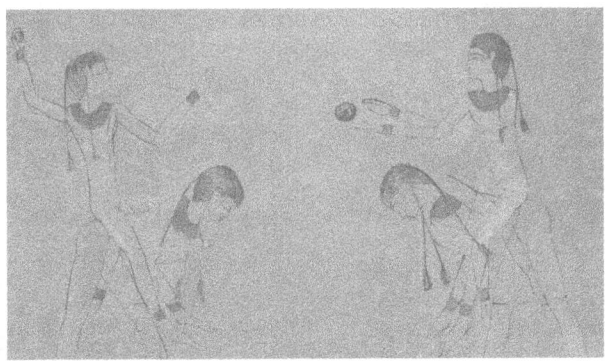

Mujeres acróbatas y chicas jugando con la pelota, 17.ª tumba de Beni Hasan. De Beni Hasan (vol. II), por P. E. Newberry, 1893, Londres: Egypt Exploration Society.

"es evidente que eran bailarinas profesionales o malabaristas" (Wilkinson, 1837). Decker sugiere que los malabares y el juego de pelota eran juegos para mujeres, ya que "aparecen en relación con oficios exclusivamente femeninos" (Decker, 1992). Aunque los niños de ambos sexos "jugaban con pelotas", parece que solo las mujeres podían convertir este juego en su profesión.

Según Wilkinson, las pelotas de malabares de los antiguos egipcios estaban hechas de cuero cosido y rellenas de salvado u hojas de maíz, o también podían estar hechas de juncos trenzados y cubiertos de cuero. Apunta que podrían haber confeccionado sus pelotas incluso en diferentes colores, de forma parecida a las pelotas de semillas que usan hoy en día los malabaristas: "cubiertas, al igual que muchas de las que usamos nosotros, con pedazos de cuero romboidales, unidos longitudinalmente con costuras y convergentes en un punto común en ambos extremos, con cada tira de un color diferente". No obstante, señala que solo sabemos esto por las ilustraciones que aparecen en la

---

colocada a una distancia determinada, según el espacio previamente fijado por las jugadoras; y, por la posición y el cargo de la persona que hubiera fallado, no es improbable que se le aplicara el mismo nombre que se usaba en el juego de los griegos —'nalgas'— y que se le obligara a someterse a las órdenes de la vencedora". (Wilkinson, 1837)

cerámica, las cuales no nos dan suficiente información como para saber exactamente cómo se confeccionaban (Wilkinson, 1837).

Mujeres acróbatas y chicas jugando con la pelota, 15.ª tumba de Beni Hasan. Adaptado de "BH 4", por Cairo Info, 2009.

Entradas a las tumbas excavadas en la roca en Beni Hasan. De "Pharaonic Monuments in Minya" ["Monumentos faraónicos en Al-Minia"], Servicio de Información del Estado Egipcio, 2017 (http://sis.gov.eg/Story/116395/Pharaonic-monuments-in-Minya)

Pelota de lino hallada en la tumba 518 de Tarjan, Egipto... ¿una bolsa de piedras, o la primera pelota de malabares de la historia? De "Ancient Egyptian Parents Put This in Their Child's Grave to Play with in the Afterlife" ["Unos padres del antiguo Egipto pusieron esto en la tumba de su hijo para que jugara en la otra vida"], por Sue Giles, 2018 (https://museumcrush.org/ancient-egyptian-parents-put-this-in-their-childs-grave-to-play-with-in-the-afterlife/)

Izquierda: Pelotas de lino y caña del periodo romano del antiguo Egipto (30 a. C.-641 d. C.). Del Museo Británico ("toy / game-ball" ["juguete / pelota de juego"]), The British Museum, 1907 [enlace] Derecha: Pelotas de arcilla con decoración de lino. De Sport and Games of Ancient Egypt, *por W. Decker, 1992. New Haven and London: Yale University Press.*

Nota acerca de la ilustración de Wilkinson de 1837

J. G. WILKINSON FUE el primero en publicar un estudio sobre las tumbas de Beni Hasan; en este incluyó una representación de las malabaristas de la tumba n.º 15. Sin embargo, la ilustración de Wilkinson con las malabaristas tenía un error: se le agregó una cuarta mujer que lanzaba y cachaba una pelota.

La historiadora Sonja Boeckmann cree que esto es un simple error de publicación y que esa mujer en realidad pertenece a un grupo de seis jugadoras de pelota de alguna otra parte del friso y se agregó al grupo como consecuencia de los métodos de impresión utilizados para crear las placas de las ilustraciones del libro (Boeckmann, 2018).

Aunque la pintura mural fue copiada y publicada con mayor fidelidad por el ilustrador de Newberry en 1893, la ilustración de Wilkinson de 1837 es la que se ha difundido en la cultura popular.

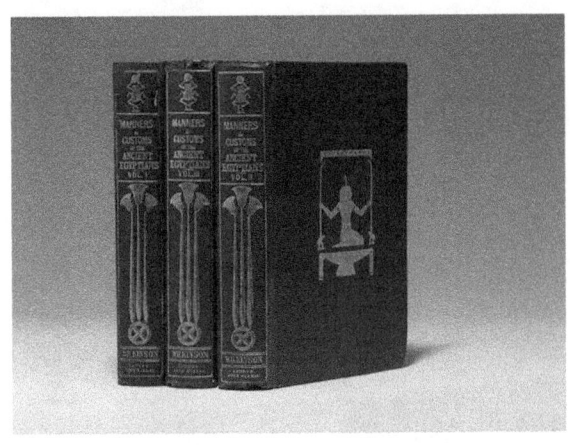

Ejemplar enciclopédico de la primera edición de la emblemática obra de J. G. Wilkinson Manners and Customs of the Ancient Egyptians, *vendido en una subasta en 2018. Adaptado de "Manners and Customs – First Edition", Bauman Rare Books, 2018. (https://www.baumanrarebooks.com/rare-books/wilkinson-j-gardner/manners-and-customs-of-the-ancient-egyptians/100600.aspx)*

26 | Juggling: From Antiquity to the Middle Ages

La primera obra sobre la profesión en la que aparece una ilustración de estas malabaristas fue el libro de Ziethen y Allen de 1985 llamado *Juggling: The Art and Its Artists* [*Malabares: el arte y sus artistas*], que utilizó la imagen de Wilkinson de las cuatro mujeres (Boeckmann, 2003). Como esta fue la primera representación pictórica de los malabares en el antiguo Egipto a la que tuvieron acceso los malabaristas, se propagó como el fuego. Por esta razón, esa cuarta mujer de la ilustración de Wilkinson ha aparecido en camisetas, trapos de cocina y tatuajes por todo el mundo durante los últimos tres decenios.

Malabaristas de la tumba de Tebas n.º 15, en Beni Hasan. En esta ilustración aparece erróneamente un cuarto malabarista atrapando una pelota. Esta persona en realidad no está representada en el friso de Beni Hasan (Boeckman, 2003). De Manners and Customs of the Ancient Egyptians *(vol. 2, págs. 66-67), por J. G. Wilkinson, 1837, Londres.*

Fotografía de los malabaristas de la tumba n.º 15 de Beni Hasan. Adaptada de Juggle Magazine, "The Jugglers of Beni Hasan" (vol. 13, n.º 4, pág. 29), de Hovey Burgess, 2011. International Jugglers' Association.

Chicas jugando con la pelota, representadas con precisión por el ilustrador de Newberry. Adaptado de Beni Hasan (vol. II), por P. E. Newberry, 1893, Londres: Egypt Exploration Society.

La Antigua Roma

EN LA ANTIGUA ROMA, los malabaristas practicaban sus habilidades con cuchillos, pelotas y aros. Quien jugaba con cuchillos recibía el nombre de *ventilator*, y aquellos que utilizaban las pelotas o los aros se denominaban *pilarii* (Chambers, 1891). Estos malabaristas romanos aparecen en numerosas estatuas y relieves por todo su antiguo Imperio.

En la publicación de 1907 *The Reliquary & Illustrated Archaeologist* [*El relicario y el arqueólogo ilustrado*] se describen algunas de estas antiguas representaciones de malabaristas:

"Diferentes ejemplos de malabarismo en antiguas vasijas nos muestran que era una recreación preferida por las mujeres. En un jarrón de Nola custodiado en el Museo Británico y datado en el 430 a. C. se ve a una mujer sentada jugando con dos pelotas. [...] [También] aparece una ilustración de una mujer sentada jugando con tres pelotas". El autor explica a continuación que estos juegos malabares eran sumamente populares, y se practicaban "especialmente en

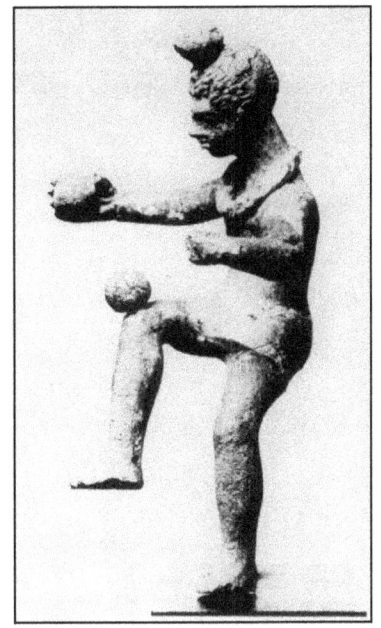

Esclavo romano haciendo malabares con pelotas en esta estatua de terracota del año 200 a. C. De 4000 Years of Juggling [4000 años de malabares] *(ilustración de portada), por K. H. Ziethen, 1981, M. Poignant.*

las termas. Incluso se dice que Julio César, Marco Aurelio y Alejandro Severo nunca despreciaron participar en ellos" (Allen y Cox, 1907).

En Tebas se descubrió una estatua de terracota de un *pilarius* que data del periodo helenístico de la historia de Egipto (323-31 a. C.), cuando Roma se anexó ese territorio. Esta estatua representa a un hombre —probablemente un esclavo, como se deduce por su raza, collar y taparrabos (Joshel, 2010)— que mantiene pelotas en equilibrio sobre diversas partes de su cuerpo.[4]

Gracias a las cartas escritas por Sidonio Apolinar sabemos que algunos oficiales militares hacían malabares como pasatiempo. Fue él mismo quien informó en una carta que envió a su familia que hacer malabares era una de sus aficiones. Aunque no fuera artista profesional, a este militar le gustaba entretener a sus tropas con trucos de malabarismo en los que usaba tres y cuatro pelotas (Sagemüller, 1973).

Los romanos también practicaban una especie de juego de malabares entre tres hombres llamado *trigon*. En este juego, que generalmente se jugaba en una cancha de arena en las termas, tres jugadores de pie situados formando un triángulo

Boceto de una pintura mural ahora destruida que representa un juego de trigon *en las termas de Trajano, en Roma. Tres niños aprenden a jugar bajo la supervisión de un hombre mayor (un noble o un esclavo). De "The Game of Trigon" ["El juego de trigon"], por D. White, 1985, Expedition Magazine, vol. 27, n.º 2.*

---

4   El historiador del malabarismo Karl-Heinz Ziethen señala en su fantástico libro *Juggling: The Past and Future* [*Malabares: pasado y futuro*] que el legendario artista Enrico Rastelli comenzó su rutina en una pose similar, y se pregunta si es casualidad (Ziethen, *Juggling: The Past and Future* [*Malabares: pasado y futuro*], 2017). Otros académicos se preguntan si esto en realidad es un truco de equilibrio o, en lugar de eso, un intento del escultor de retratar a un artista manipulando tres pelotas de forma que rebotan en la rodilla, de ahí van a la cabeza y, a continuación, regresan a la mano (Mendner, 1956).

se lanzaban pelotas de vidrio entre ellos. Se contaban las veces que no conseguían cachar las pelotas, por lo que regresar rápidamente las pelotas era señal de ser buen jugador (McDaniel, 1906). En este frenético juego, a veces los jugadores recibían dos o tres pelotas al mismo tiempo, lo cual requiere tener reflejos rápidos y buen ojo (Smith y otros, 1890).

Estatua de mármol, encontrada en Chipre, quizás de un jugador de trigon *sosteniendo tres pelotas (alrededor del 365 d. C)*. Extraída de *"To Play Properly With a Glass Ball"*, por M. C. McClellan, 1985, Expedition Magazine, vol. 27, n.º 2.

Algunos estudiosos señalan que las pelotas se cachaban con una mano y se regresaban con la otra (White, 1985).[5] El jugador al que se le caía la menor cantidad de pelotas era el ganador (Smith y otros, 1890). Todavía se usan pelotas de este tipo, de unos 55 milímetros de diámetro, algo menores que las pelotas de malabares modernas (McClellan, 1985).

Una gran lápida de mármol del segundo siglo d. C., descubierta en Roma en 1592, contiene la descripción de un maestro "jugador de pelota" llamado Ursus Togatus (Bang, 1933).[6] Este es uno de los primeros malabaristas de cuyo nombre tenemos constancia, fuera de los mitos e historias de transmisión oral. La inscripción dice así:

Soy Ursus Togatus. Fui el primero de entre mis jugadores en demostrar habilidad para jugar con pelotas de vidrio, para gran alabanza de la gente de las termas de Trajano, Agripa y Tito, y muy a menudo en las de Nero. Sí, tengan por seguro que soy Ursus Togatus. Acérquense, manipuladores

---

5   Este estilo de juego de malabares es similar a la forma en que las mujeres de la isla polinesia de Tonga juegan *hiko*, como veremos más adelante.

6   "Togatus" no es el apellido real de Ursus. En realidad hace referencia a su posición social: se le consideraba merecedor de llevar toga (Bang, 1933).

*de pelotas, depositen sobre la estatua de su amigo flores, violetas, hojas y esencia de perfume. Viertan obscuro vino falerno, vino de Setia y de Cecubo,⁷ tomado de las bodegas de mi maestro. Compitan unos con otros en la celebración unánime del viejo Ursus, feliz, bromista, un maestro en la manipulación de pelotas, quien superó a todos sus predecesores en gusto, en gracia y en las sutilezas de este arte. Sin embargo, con ánimo de decir la verdad en mi vejez, confieso que no una vez, sino muchas, me superó mi mecenas, tres veces cónsul, y de buen grado me proclamo su albardán*⁸

Ursus, según los estudiosos, era un *pilicrepus*, es decir, un fabricante de las pelotas de vidrio que se usaban en el juego de *trigon*, quien también hacía de árbitro de algún tipo. Allen y Cox afirman que también era un malabarista que "realizaba por sí solo la hazaña de mantener varias pelotas en movimiento", y afirman que el "juego" con pelotas de vidrio mencionado en la inscripción se refiere a esta forma de hacer malabares, y no al juego de *trigon* (Allen y Cox, 1907). Allen y Cox también insisten en que con el uso de pelotas de vidrio se pretendía agregar la sensación de peligro al juego, ya que pueden hacerse añicos al caer sobre un suelo duro. Otros estudiosos afirman que ese

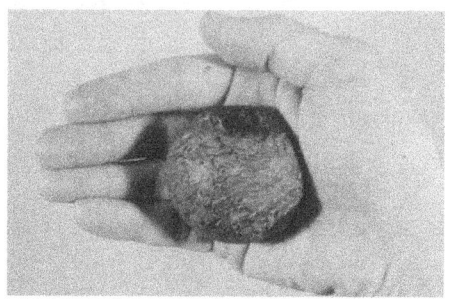

Una pelota de vidrio, probablemente para jugar trigon, de la colección del Penn Museum. Extraída de "To Play Properly With a Glass Ball" ["Cómo jugar correctamente con una pelota de cristal"], por M. C. McClellan, 1985, Expedition Magazine, vol. 27, n.º 2.

---

7   Estas son las "bodegas favoritas del emperador", ¡una osada petición del buen Ursus (Champlin, 1985)!

8   El autor recuerda humildemente a sus lectores que esta inscripción está escrita en primera persona… y que cualquiera en el mundo del espectáculo sabe que es importante no creer lo que dice un artista sobre sí mismo (¡especialmente cuando lo que pide es que se vierta vino y perfume sobre su efigie!). ¿Fue Ursus el primer *pilarius* que hizo malabares con pelotas? No podemos asegurarlo con certeza. ¿Es este el primer registro que tenemos de un malabarista refiriéndose a sí mismo como tal? Al parecer, sí lo es. ¡Es precisamente eso lo interesante de este fragmento!

juego solamente se practicaba en canchas de arena en las termas (White, 1985).

El latinista Edward Champlin sostiene que "el juego de las pelotas de vidrio" tiene sus raíces en el Imperio bizantino y, quizás, fue importado a Roma en algún momento de la historia. Defiende además que la inscripción de Ursus Togatus en realidad no se refiere a una persona real, sino que utiliza el "juego de las pelotas de vidrio" como alegoría de maniobras políticas. En cualquier caso, el juego de *trigon* fue lo suficientemente popular como para ser una referencia cultural, tanto si la inscripción es una ingeniosa broma sobre política como si en realidad es un homenaje a un gran jugador (Champlin, 1985).

Por supuesto, la inscripción de Ursus no es el único registro escrito que describe el *trigon*. En un grafito sin fecha rayado en una pared de la basílica de Pompeya figura la alineación de un juego improvisado, probablemente un grupo de esclavos de un noble. En esa inscripción se puede leer: "Que jueguen Amianthus, Epaphra, (y) Tertius, junto con Hedystus. Iucundus de Nola recogerá (las pelotas), Citus llevará el marcador, al igual que Stacus" (Benefiel, 2008). El fragmento describe un simple juego de *trigon*, con árbitros y recogepelotas.

Una mujer hace malabares con manzanas en un jarrón romano. "Woman juggling apples. Attic Red Figure, White Ground Pyxis, aprox. 470-460 a. C.", fotografía de M. Daniels, Toledo Museum of Art (Ohio, EE. UU.).

Pilarii, el arte de lanzar y cachar pelotas, lo usa Quintiliano como alegoría en su *Institutio oratoria*, un libro de texto de alrededor del 95 d. C. que describe la teoría y la práctica del discurso y la retórica. En el décimo volumen de su obra, Quintiliano compara las habilidades de un orador público que lee una página en voz alta con las habilidades de un malabarista en el escenario. "Una cierta destreza mecánica [permite al orador] anticipar lo que vendrá antes de haberlo leído. Es una destreza similar a la que hace posibles esos trucos milagrosos que podemos ver realizar a malabaristas y maestros de la prestidigitación sobre el escenario, de tal manera que el espectador difícilmente puede evitar creer que los objetos que lanzan al aire regresan a sus manos por iniciativa propia y que van allá donde se les requiere" (Quintiliano, *Institutio oratoria*, 95).

Aunque esta alegoría no describe un juego malabar en sí, sirve como prueba de que los *pilarii* y los *ventilatores* realizaban hábiles ejercicios de lanzar y cachar con suficiente frecuencia como para servir de analogía para los lectores romanos de Quintiliano del primer siglo de nuestra era, y que estos artistas eran tan sorprendentes y precisos que desafiaban las creencias de su público.

También aparece un *pilarius* en el poema en cinco volúmenes de Manilio llamado *Astronómica*, que analiza algunos fenómenos astrológicos. Esta obra se escribió alrededor del 10 d. C. y afirma que los *pilarii* "son expertos en la dispersión de una serie de pelotas sobre sus extremidades y en pasar sus manos por arriba y por abajo de todo su cuerpo, de modo que pueden cachar determinada cantidad de esferas, ponerlas en movimiento nuevamente y hacer que vuelen a su alrededor a voluntad" (Allen y Cox, 1907). Algunos eruditos afirman que los siete objetos manipulados por este *pilarius* son una referencia a los siete planetas. Independientemente de este simbolismo, la descripción de la rutina de este jugador es, sin duda, una prueba de maestría en lanzar y cachar hábilmente, y hacer rodar varios objetos en equilibrio por el cuerpo.

Una talla en marfil, documentada en el *Museo Veronense* de Maffei —que reúne una colección de grabados que ilustran las antigüedades y que está ubicado en Verona— representa una figura que da la señal para que comience un circo romano.[9] En los paneles situados debajo de esta

---

9   Los circos romanos, llamados así por la forma circular de su arena, eran grandes espacios al aire libre destinados al entretenimiento y utilizados "en primera instancia y sobre todo para las carreras de carros de dos o cuatro caballos [y que]

figura, se aprecian varios caballos y a un joven que lanza y manipula en equilibrio siete pelotas (quizás como lo describe Manilio), acompañado de tubos y una especie de órgano rudimentario (Allen y Cox, 1907).

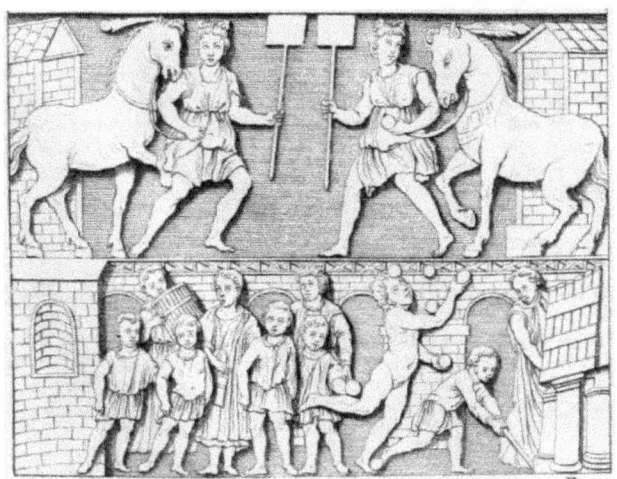

Paneles de Museum Veronense *de Maffei*. De Museum Veronense, *S. M. Maffei, 1749, Verona.*

En un monumento romano a Septumia Spica se representa una proeza malabarística similar. En un lado, un *pilarius* mantiene cinco

---

servían además para celebrar otros eventos. Entre ellos estaban las carreras de caballos montados por jinetes, las carreras en las que los jinetes desmontaban para completar la carrera a pie, el atletismo (principalmente el boxeo, la lucha libre y las carreras de larga distancia), el juego de Troya (maniobras realizadas a caballo por jóvenes nobles), cacerías de bestias salvajes, luchas de gladiadores, batallas escenificadas entre ejércitos enemigos y otros entretenimientos varios" (Humphrey, 1986). El formato circular del circo romano serviría más adelante a Philip Astley para estandarizar a finales del siglo XVII el formato de entretenimiento con espectáculos acrobáticos y ecuestres que ahora conocemos como circo tradicional "moderno" (Jando, 2018). Astley estableció la pista de circo de 13 metros de diámetro, ya que estas dimensiones "[propician] la velocidad estable y el equilibrio óptimo entre las fuerzas centrípetas y centrífugas para que un hombre mantenga el equilibrio sobre el lomo de un caballo al galope". No obstante, esta creación de Astley no recibió el nombre de "circo". Su compañía se llamaba "New British Riding School" ["Nueva Escuela de Equitación Británica"] o "Amphitheatre Riding Ring" ["Pista Anfiteatro de Equitación"] (Burgess, 1974).

Monumento a Septumia Spica en el Museo Real de Mantua. De "Jugglers", por J. R. Allen y J. C. Cox, 1903, The Reliquary & Illustrated Archaeologist, págs. 1-16.

pelotas en el aire mientras manipula dos pelotas adicionales con los pies. En el otro lado, un *pilarius* realiza un truco similar con cuatro pelotas en el aire (Allen y Cox, 1907).[10]

También hay indicios de que alrededor del año 0 de nuestra era llegaron varios malabaristas desde el Lejano Oriente. En el artículo "Gypsy and Oriental Music" ["Música gitana y oriental"], publicado en 1907 por A. T. Sinclair, el autor informa que varios "músicos, cantantes, bailarines, malabaristas, acróbatas, lanzadores de cuchillos y pelotas, equilibristas[11] y otros artistas" orientales llegaron a Roma en esa época a ganarse la vida. Se desconoce, no obstante, si se integraron en la sociedad romana o simplemente se juntaron y formaron sus propias comunidades (Sinclair, 1907).

El historiador de la música Emil Naumann informa que, aunque estos artistas extranjeros vivieran en Roma, no se les otorgaba ningún derecho propio de los ciudadanos romanos: "Se toleraba su presencia, pero no se les concedía ninguna protección legal. De hecho, esta afirmación llega

---

10   El historiador Giovanni Labus sostenía que, en el lado izquierdo de este relieve, cuando estaba en mejor estado, había una séptima pelota (Labus, 1883).

11   Los lectores perspicaces notarán que en esta lista figuran tanto los "malabaristas" como los "lanzadores de cuchillos y pelotas". Nótese que el término que usó, *"juggling"*, en aquel momento podía referirse también a la magia, al adiestramiento de animales, y a otras disciplinas de entretenimiento.

hasta tal punto que, si un artista callejero sufría lesiones, incluso causadas por la espada de un agresor, no podía reclamar por daños y perjuicios... Así, estas personas extraordinarias, dotadas sin quererlo de un espíritu romántico, siguieron siendo marginados sin hogar y sin honor hasta la Edad Media (Naumann, 1886).

Del mismo modo, muchos malabaristas romanos viajaron hasta el Lejano Oriente para presentar sus espectáculos. Alex Scobie, un estudioso de la narración oral en la Antigüedad grecorromana, menciona que "algunos de estos [artistas de variedades] no solo viajaron extensamente por el territorio romano, sino que también llegaron incluso hasta China. Tal es el caso de algunos malabaristas de la Siria romana, ya que llegaron a ser muy apreciados en la corte de un emperador chino a principios de la época imperial" (Scobie, 1979). Estos malabaristas se presentaron en China cuando empezaron a establecerse relaciones entre China y Occidente (alrededor del 200 a. C.), y de ellos se dijo que "hacían magia, escupían fuego, se ataban y desataban las extremidades sin ayuda, intercambiaban las cabezas de vacas y caballos y danzaban hábilmente con hasta mil pelotas" (Needham, 1954).[12]

Un pilarius *dando un espectáculo de malabares.* De Harpers Dictionary of Classical Antiques *(1898), por* Peck. New York: Harper and Brothers.

Pilarius. (From a Diptych at Verona.)

---

12 No cabe duda de que esto es una exageración. Si no, deberíamos todos darnos por vencidos inmediatamente. Esos malabaristas siriorromanos que manipulaban mil pelotas eran más habilidosos de lo que nosotros nunca conseguiremos ser.

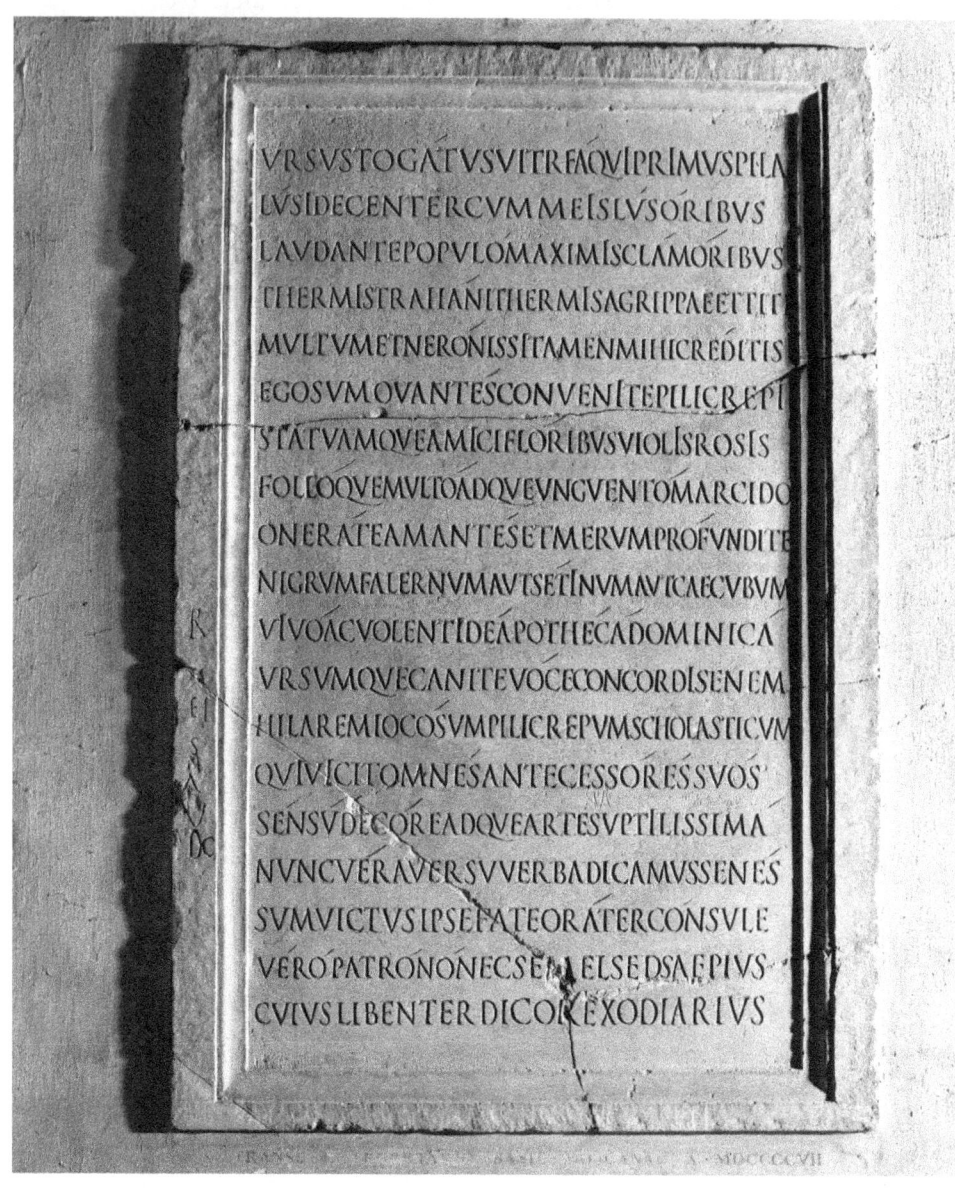

Inscripción con el epitafio de Ursus Togatus. De "Inscripción en verso 'en honor' de Ursus Togatus", de los Museos Vaticanos, sin fecha. http://www.museivaticani.va/content/museivaticani/en/collezioni/musei/galleria-lapidaria/sezione-xi--iscrizioni-di-vario-contenuto--ultime-acquisizioni/iscrizione-in-versi-in-onore-di-ursus-togatus.html

Nota acerca de la *Tomba dei Giocolieri*

LA *TOMBA DEI GIOCOLIERI*, o "tumba de los malabaristas" (590 a. C.), se halla en las ruinas del Imperio etrusco que se encuentran en la actual Tarquinia, Italia. Los etruscos conservaron su independencia del Imperio romano durante siglos, hasta que fueron conquistados en el siglo III a. C. Sobre ellos no se sabe gran cosa, pero se han hallado artefactos funerarios y se mencionan en la literatura romana.

La "tumba de los malabaristas" se descubrió y se abrió al público en 1961. Se le dio ese nombre por un friso ubicado en la pared del fondo de la tumba. Una persona sentada —probablemente la persona enterrada en la tumba— contempla a varios músicos, acróbatas y malabaristas actuando en su honor (Weir, 2012).

Sin embargo, hoy día, los estudiosos no logran ponerse de acuerdo sobre lo que está sucediendo en este friso. Uno postula que la mujer que sostiene el jarrón en equilibrio está a

Malabarista lanzando un aro, quizás. Adaptado de "Tomba dei Giocolieri", Wikimedia Commons: : https://it.wikipedia.org/wiki/File:Tomba_dei_Giocolieri_Tarquinia_3b.jpg

punto de hacer malabares con las pelotas que le entrega un ayudante (Tuck, 2012). Otro insiste en que el joven le está entregando aros para hacer malabares a la equilibrista (Rohter, 2003). Pero alguien más sugiere que el objeto que la mujer mantiene en equilibrio en realidad es un quemador de incienso, y que hacía las funciones de diana para que los juerguistas le lanzaran vino (Cartwright, 2017). Su servidor no está muy seguro de cómo interpretar la escena.

La tumba de los monos, ubicada a corta distancia de allá, está adornada con la misma mujer y el mismo "malabarista", a pesar de ser varias décadas más antigua que la tumba de los malabaristas (Sosnovskiy, 2018).

La antigua Grecia

SE HAN HALLADO DECORACIONES de mujeres malabaristas en unos 30 jarrones de aceite, o lécitos (del griego lékythos)[13,] en ruinas de la antigua Grecia (Boeckmann, 2003).[14] En los escritos griegos también se menciona la manipulación hábil de objetos en contextos que implican que esas habilidades eran algo cotidiano que cualquier lector entendería.

En el *Simposio* de Jenofonte, un diálogo socrático escrito alrededor del año 360 a. C. que se desarrolla durante un banquete, una bailarina sube al escenario. A esta artista se le entregan 12 aros de uno en uno y "con ellos en las manos, se puso a bailar, y mientras bailaba arrojaba los aros, por encima de la cabeza, los hacía girar en el aire, calculando la altura a la que los debía lanzar para poder atraparlos, y caían, en el momento perfecto". La bailarina más tarde realizó una rutina de salto en aro, a través de una gran rueda forrada en el interior por un anillo de cuchillos (Jenofonte, 1897). Sócrates se encontraba presente y habló sobre cómo

---

13 El estilo pictórico de este tipo de objetos parece haber cambiado a lo largo de la historia de la antigua Grecia y nos da indicios de para qué se usaban. Los recipientes para aceite contienen diseños en rojo, negro o blanco (Enciclopedia Británica, 2018). Aunque se han encontrado *lékythoi* pintados en rojo y negro en entornos cotidianos, los *lékythoi* pintados en blanco han aparecido sobre todo en tumbas (Universidad de Oxford, 2018). Al parecer, el pigmento blanco molido era demasiado delicado para que se usara en termas y gimnasios (Enciclopedia Británica, 2018).

14 K. W. Arafat, autor del artículo "Some More Vases by the Ikaros Painter" ["Algunos jarrones más del pintor Íkaros"], se pregunta "hasta qué punto [estas pinturas en el jarrón] reflejan con precisión las habilidades malabares de las amas de casa atenienses del siglo V", dejando la pregunta abierta para un estudio posterior (Arafat, 1988).

los hombres y las mujeres nacen igualmente capaces, y cómo el artista debe exhibirse ante el pueblo ateniense como un ejemplo de coraje frente al peligro.[15]

También se documentó que hubo malabaristas griegos en la boda de Carano de Macedonia. Carano fue el primer rey de los macedonios, y vivió en el siglo VIII a. C. La fiesta la describe Ateneo en detalle en su *Noctes Ambrosianae de la Atenas moderna*. Cuenta que, durante una pausa en el majestuoso banquete de gallinas, palomas,

Chica sentada haciendo malabares en un jarrón griego. *"Chica sentada haciendo malabares (?). Fragmento del tondo de una cílica del Ático con figura roja"*, pintor de Palermo, 470-460 a. C. Wikimedia Commons.

conejos y otras delicias, el silencio quedó interrumpido por "la repentina entrada de una compañía de los que venían a celebrar a Atenas, [...] con algunas malabaristas que bailaban con espadas y escupían fuego por la boca, todas desnudas" (Blackwood, 1834). Algunos estudiosos cuentan la historia de manera algo diferente, alegando que la compañía venía de la isla de Rodas. En su libro *The Sexual Life of Ancient Greece [La vida sexual de la antigua Grecia]*, Hans Licht relata que los artistas "vestían ropas tan

---

15   Por supuesto, los malabaristas modernos se reirían al oír hablar de alguien que bailara mientras hacía malabares con 12 aros. El récord actual de malabares con aros lo estableció Anthony Gatto en 2005 con *solo* 17 capturas con 11 anillos, y eso lo hizo quieto, en condiciones controladas (Guinness World Records). Claude Shannon, malabarista y famoso "padre de la era de la información", afirma que el historiador Jenofonte y el filósofo Sócrates eran testigos confiables: "Seguramente ambos sabían contar hasta 12 y eran observadores atentos" (Soni y Goodman, 2017). Su servidor, sin embargo, no está convencido.

ligeras como el aire, por lo que muchos de los invitados consideraban que estaban desnudos; [...] danzantes, que también cantaban canciones con temas fálicos, además de malabaristas, hombres y mujeres, bailaban desnudos sobre espadas clavadas en el suelo y escupían fuego" (Licht, 1932).

Desafortunadamente, no se sabe mucho sobre los malabaristas de la antigua Grecia más allá de estos escritos. Las pruebas materiales indican que en su mayoría (si no todas) eran mujeres, y generalmente practicaban el arte en entornos domésticos (Boeckmann, 2018).

Decoración en el fondo de un cáliz griego. De Helena und Xenophon. Ein archäologisches Kinderbuch *(1974), por Zwierlein-Diehl. Maguncia.*

44 | Juggling: From Antiquity to the Middle Ages

Hidria de figuras rojas del Ático con una mujer sentada haciendo malabares con ovillos de lana, flanqueada por dos mujeres de pie que sostienen un cofre y un espejo, de 36,7 cm, aprox. 430 a. C. Atribuida al pintor de Christie's. Aviñón, Museo Calvet. Adaptado de Verbanck-Piérard, A. (2010). Looking at Ancient Greece in Provence [Una mirada a la antigua Grecia en la Provenza]. American Journal of Archaeology, 114(1), 187-193. Extraído de https://www.jstor.org/stable/20627650

Ánfora griega (variedad grande de un tipo de lékythos de dos asas) con una mujer haciendo malabares mientras un ganso mira. De "Penelope's Geese", por K. Kitchell, 2011, *Expedition Magazine*.

Israel y Babilonia

LOS MALABARES TAMBIÉN APARECEN en el Próximo Oriente y a lo largo de la costa mediterránea oriental. En el Talmud de Babilonia, tratado Sucá 53a, hay pasajes sobre rabinos y otros hombres santos que celebran festivales con increíbles hazañas de destreza:

Dijeron acerca de Rabban Simeón ben Gamaliel que, cuando se regocijaba en la celebración del lugar de extracción [del agua], tomaba ocho antorchas encendidas y las lanzaba y cachaba una tras otra, [haciendo malabares] y [aunque estaban todas en el aire al mismo tiempo] no se tocaban... (b. Sucá 53a, Koren Talmud Bavli, Noé Edition).[16]

La historia sobre Rabban Simeón ben Gamaliel figura no solo en el Talmud de Babilonia, sino también en la Tosefta (siglo III d. C.) y en el Talmud de Jerusalén (también conocido como el Talmud de Palestina, editado en el siglo IV o V d. C.). La Mishná, tratado Sucá, nos da información adicional sobre la forma en que se construyeron estas antorchas:

"De los pantalones desgastados de los sacerdotes y de sus cinturones [desgastados], rasgaban [pedazos] y [los usaban como mechas para] encenderlos. Y no había un patio en Jerusalén que no estuviera iluminado por la luz del lugar de extracción [del agua]. Las personas piadosas y los hombres de [grandes] proezas bailaban ante ellos

---

16 Nota sobre estos pasajes del Talmud: los corchetes indican que el texto contenido no es parte de la traducción literal, sino que más bien es contexto agregado por el traductor. Es importante tener esto en cuenta al considerar las raíces que se explican a continuación.

con antorchas encendidas en las manos, y les decían palabras de canto y alabanza" (Mishná Sucá 5:3-4, Koren Talmud Bavli, Noé Edition).

Matthew Goldstone, doctor en estudios hebreos y judaicos, señala que en Tosefta Sucá 4:3 se relata que Rabban Simeón ben Gamaliel estaba *bailando* con ocho antorchas (usando la raíz hebrea de "bailar" [*r - k - d*] en este texto), mientras que la versión en el Talmud de Babilonia literalmente dice que los tomaba, lanzaba uno y luego cachaba otro (usando las raíces hebreas para "lanzar" [*z - r - k*] y "cachar" [*n - t - l*]). Esta discrepancia podría deberse a diferentes motivos. Es posible que los autores del Talmud hayan cambiado conscientemente el texto de la versión original. También es posible que el Talmud simplemente haya usado una versión diferente de la Tosefta, ya que existen numerosas diferencias entre *baraitot* similares (tradiciones rabínicas tempranas) conservadas en la Tosefta y en el Talmud de Babilonia. Aunque parezca improbable, también es posible que el Talmud se basara en una fuente diferente de la usada para el pasaje que figura en la Tosefta (Goldstone, 2018).

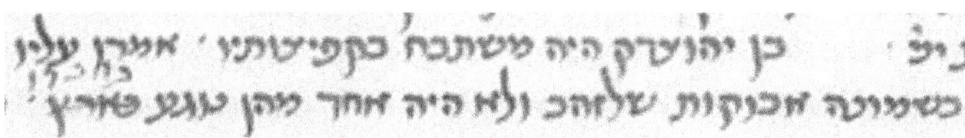

Nótese la revisión de la esquina inferior izquierda de esta imagen, tomada del manuscrito de Leiden del Talmud de Jerusalén, completado en 1298 d. C. Adaptado de MS Leiden, Scaliger 3, Bibliothek der Rijksuniversiteit, sin fecha. http://dlib.nli.org.il/webclient/StreamGate?folder_id=0&dvs=1534530472008~840

Curiosamente, el Talmud de Jerusalén ofrece una versión ligeramente diferente de la historia de Rabban Simeón ben Gamaliel, lo cual nos da una pista sobre cómo podrían haber sido esas antorchas: "Dicen sobre el rabino Simeón ben Gamaliel que bailaba con ocho antorchas de oro y que no se tocaban entre ellas (y. Sucá 5:4 55c).

El manuscrito de Leiden del Talmud de Jerusalén nos da una idea de cómo se revisaron estos pasajes a lo largo del tiempo. Originalmente decía "y ninguna tocaba el suelo". Alguien cambió la palabra, ya sea el mismo escribano o uno diferente,[17] para que en su lugar dijera "y no se tocaban entre ellas". Goldstone considera que eso podría haberse hecho para alinear el texto más con la versión de la historia del Talmud de Babilonia, ya que se centra en la gran habilidad de Gamaliel para mantener las antorchas en el aire en lugar de simplemente no dejarlas caer (Goldstone, 2018).

El pasaje en b. Sucá 53a continúa, describiendo más hazañas de malabarismo:

El rey Sapor I, el afortunado babilonio que (quizás) vio a Samuel hacer malabares con ocho copas de vino. De "Sassanid Empire, Shapur I, Drachm", por Money Museum, 2018 https://www.moneymuseum.com/en/coins?&id=1358

[A propósito del regocijo de Rabban Simeón ben Gamaliel en la celebración del lugar de extracción del agua, la Guemará cuenta:] Leví caminaba ante el rabino [Yehuda HaNasi haciendo malabares] con ocho cuchillos. Samuel hacía malabares ante el rey Sapor con ocho[18] copas de vino [sin que este se derramara].[19] Abaye [hacía malabares] ante Raba

---

17 Un paleógrafo profesional, versado en el estudio de la escritura antigua, probablemente podría responder a esta pregunta. Por interesante que sea, este asunto va más allá del alcance de nuestra investigación sobre la historia de los malabares.

18 Sin duda, los lectores inteligentes habrán notado un detalle: el número ocho aparece varias veces en estas referencias a los malabares. Aunque el número ocho tiene un significado simbólico en el judaísmo, Goldstone recuerda a los lectores que otros números tienen una importancia mucho más tradicional. No está convencido de que el valor simbólico del número ocho hubiera influido en estas descripciones de malabares en el Talmud (Goldstone, 2018).

19 El rey Sapor gobernó el Imperio sasánida del 240 al 270 d. C. (Sasania o el Imperio sasánida es el imperio persa que surgió en la misma región geográfica que el Imperio de Babilonia unos ochocientos años después de la caída de Babilonia). Los malabares con vasos aparecen con frecuencia en la literatura persa media al tratar el entretenimiento de la corte de Sasania (Mokhtarian, 2012). La disciplina artística se llamaba *tās-bāzī* o *kāsa-bāzī*, y al malabarista se le conocía como *tās bāz* (Morgenstierne, 1982).

con ocho huevos. Algunos dicen [que hacía malabares] con cuatro huevos (b. Sucá 53a, Koren Talmud Bavli, Noé Edition).

Los estudiosos han puesto en duda la posibilidad de que estos relatos hayan ocurrido en realidad. Es posible que la referencia al rey Sapor en el relato sobre los malabares que hacía Samuel tenga un propósito que no sea estrictamente narrativo. Invocar al rey Sapor también podría haber servido como una especie de fanfarronada sobre la influencia de este erudito del malabarismo, ya que el rey era una figura impresionantemente sabia y poderosa. También es posible que el "rey Sapor" mencionado en el texto sea una referencia a los eruditos judíos de Babilonia y el antiguo Israel a los que se asociaba con el rey en otros relatos (Secunda, 2013).

Hay otro pasaje que puede referirse a los malabares de lanzamiento en el Talmud de Babilonia, en concreto en el tratado Ketubot 17a:

[Con respecto a la mitzvá de alegrar a los novios, la Guemará relata lo siguiente: Los sabios] dijeron sobre el rabino Yehuda bar Elai que tomaría una rama de mirto y bailaría ante la novia, y diría: "Una novia hermosa y atractiva". Rav Samuel bar Rav Yitzjak [basaba su] danza en tres [ramas de mirto con las que haría malabares] (b. Ketubot 17a, Koren Talmud Bavli, Noé Edition).

La palabra "malabares" la agregó aquí un traductor. Esto probablemente se tomó de los comentarios de Rashi, un famoso comentarista medieval judío del Talmud, quien interpretó que la frase "en tres" significa "[con] tres ramas; lanzando una y recibiendo otra" (Goldstone, 2018).

Goldstone advierte a los lectores que estas fuentes no deben tomarse al pie de la letra y que los relatos no prueban que estos rabinos hacían malabares con dos o tres objetos. Según escribe, "Podrían ser exageraciones de los rabinos posteriores para poder imaginarse mejor cómo se desarrolló la situación. Pero si bien no sean descripciones necesariamente exactas de lo que los rabinos eran capaces de hacer, sirven para reconocer que los rabinos sabían de la existencia de los juegos malabares y que hacer malabares con ocho objetos era algo difícil o casi imposible" (Goldstone, 2018).

Los estudiosos sugieren que probablemente se veían proezas malabares en el festival de extracción del agua, conocido en hebreo como *Simjat Beit Hashoevá*, pero no pueden estar seguros, dadas las referencias limitadas en el Talmud (Goldstone, 2018). *Simjat Beit Hashoevá* es el punto culminante de *Sucot*, un festival otoñal de una semana que sigue a Rosh Hashaná (el Año Nuevo judío) y a Yom Kipur (el Día de la Expiación). La Torá prescribe que Sucot es "una época del año singularmente dedicada a la expresión de la alegría" (Vernoff, 1999).[20]

Según los primeros rabinos, "Aquel que no haya visto el regocijo de la extracción del agua, nunca ha visto alegría en su vida" (Mishná Sucá 5:1). Seguramente todos los malabaristas modernos estarían de acuerdo conmigo si digo que sería fantástico ver a alguien hacer malabares con ocho copas de vino sin derramar ni una gota.

Después de todo este regocijo, cabe señalar que en el Talmud de Babilonia, tratado Avodah Zarah 18b, se lee:

> *"Dichoso el hombre que no vaya [...] a teatros ni circos de idólatras ni se interponga en el camino de los pecadores, es decir, el que no asista a competencias de bestias salvajes; ni se siente en el asiento del desdeñoso" (Avodah Zarah 18b).*

Algunos estudiosos han interpretado que se trata de "exhortar a los judíos a no asistir a juegos ni funciones, ni siquiera de malabaristas" (Simmonds, 2012), pero esta afirmación parece basarse en un concepto incorrecto de "circo". El circo romano se centró en el combate de gladiadores y el deporte sangriento, no en los trucos de destreza que se

---

20   Véase Deuteronomio 16:13-5: "La fiesta solemne de los tabernáculos [Sucot] harás por siete días, cuando hayas hecho la cosecha de tu era y de tu lagar. Y te alegrarás en tus fiestas solemnes, tú, tu hijo, tu hija, tu siervo, tu sierva, y el levita, el extranjero, el huérfano y la viuda que viven en tus poblaciones. Siete días celebrarás fiesta solemne a Jehová tu Dios en el lugar que Jehová escogiere; porque te habrá bendecido Jehová tu Dios en todos tus frutos, y en toda la obra de tus manos, y estarás verdaderamente alegre." (versión de Reina-Valera 1960)

Curiosamente, la palabra raíz hebrea que significa "alegría" y "regocijo" en este pasaje es la misma palabra raíz utilizada para referirse a Rabban Simeón ben Gamaliel cuando se "regocijó" en la "celebración".

ven en el circo moderno.[21] En el circo romano a menudo se rendía culto a los ídolos y era considerado una de las "instituciones distintivas de la Roma pagana" que, por lo tanto, debería evitarse (Gottheil y Krauss, 1906).[22] Estas instituciones a menudo comenzaban sus espectáculos con sacrificios de animales en honor de los dioses. En los eventos mismos a menudo se hacían burlas al pueblo judío o, peor aún, torturaban y asesinaban literalmente a miembros de la tribu (Bloch, 2018).

Sin embargo, los rabinos probablemente habrían estado de acuerdo con los juegos malabares en contextos judíos como *Simjat Beit Hashoevá* para divertirse adecuadamente (b. Sucá 53a) o una boda para cumplir el mandamiento de alegrar a los novios (b. Ketubot 17a).

Para los reyes de Babilonia no escasearon las actuaciones de malabarismo espectaculares. Máximo de Tiro, en su decimonovena disertación, registró la historia de un malabarista jónico que actuó para un rey babilonio no identificado.[23] Este artista realizó una "proeza

---

21   Eso no quiere decir que los circos y teatros romanos carecieran de diversión saludable. Los mimos y payasos, aunque a veces actuaban, no eran la atracción principal. Yehuda HaNasí, el rabino del siglo II, buscó algo bueno en el circo, y acabó escribiendo "Debemos agradecer a los paganos que hayan permitido aparecer a los mimos en los teatros y circos, y así hayan encontrado diversión inocente" (Gottheil y Krauss, 1906). (Véase Génesis Rabá 80:1 para obtener más información sobre este tema). A Pompeyo se le atribuyen registros del 61 a. C. sobre un circo descrito como "salpicado de [...] hazañas acrobáticas de gran audacia y destreza" también (May, 1932).

22   Sin embargo, existe una notable excepción a esta regla. Según esta ley, a los judíos se les permitía asistir a combates de gladiadores si su intención era la de "gritar que se le perdonara la vida al perdedor" (Simmonds, 2012).

23   Desafortunadamente, dadas las limitadas referencias textuales a esta historia, es imposible saber cuándo ocurrió. Suponiendo que la referencia a un rey de Babilonia es correcta (lo que significa que el rey en cuestión reinó sobre el Imperio de Babilonia, y no se refería a un rey de otro imperio en la región geográfica a menudo denominada Babilonia), esto habría tenido lugar en algún momento entre el 1595 y el 1160 a. C.

La historia del lanzador de masa tiene notables similitudes con un cuento mencionado en el catálogo de la exposición titulada *El arte del malabarista*, que acompañaba a una exposición de 1929 sobre malabares en el Museo del Circo y los Espectáculos de Variedades en Leningrado, la actual San Petersburgo. Según el folleto, que cita a Quinto Curcio Rufo, el historiador de Alejandro Magno, como fuente, cuando Alejandro hizo

maravillosa": fijó una larga punta de acero en la pared, luego retrocedió una distancia considerable y arrojó una sucesión de pelotas de masa al pincho. Su puntería era aparentemente tan perfecta que cada pelota quedaba perforada en el pincho y alineada a lo largo de su eje. La pelota final la lanzó con tanta fuerza y precisión que hizo que todas las pelotas de masa se aplastaran contra la pared (St John, 1842).

En Babilonia y Asiria, a los malabaristas y domadores de osos se les llamaba *u-da-tuš*. Los textos de fuentes primarias de las provincias de Ĝirsu y Drehem dan cuenta de estos artistas y aluden a sus roles dentro de la sociedad. Aunque estos textos no tienen fecha, los lingüistas han concluido mediante un estudio de las antiguas lenguas sumerias y babilónicas que esta palabra era de uso común hasta alrededor del año 1000 a. C.

Los *u-da-tuš* viajaban por toda la región, quizás actuando en ceremonias religiosas. Parece que alrededor de 120 *u-da-tuš* residían en el templo de Sulgi, ubicado en Ĝirsu, la capital de Lagaš, y recibían una ración semanal de cebada como parte de un acuerdo relacionado con sus actividades dentro del templo. Dos artistas varones, Hu-wa-wa y Ze-bi, vivían en el templo y fueron mencionados en estos textos, en un libro de contabilidad que relacionaba sus raciones de cebada. Este libro de contabilidad es interesante porque incluye un sello oficial que el erudito Franco D'Agostino dice que vincula definitivamente la profesión de malabarismo y la domesticación de osos con ceremonias religiosas (D'Agostino, 2012).

Otro documento demuestra la "contigüidad de las esferas profesionales" de los cantantes con los malabaristas y los domadores de osos, ya que relata que el cantante Ur-niĝar recibe un cachorro de oso "por el arte del malabarista/domador de osos". Este regalo, podemos suponer, se le hizo al artista para permitir que ampliara su repertorio.

---

campaña en la India presenció una actuación similar. Alejandro "pudo observar a un malabarista que había perfeccionado su arte hasta el punto de poder arrojar guisantes contra agujas a gran distancia sin fallar" (Gershuni, 2018). Sin embargo, un servidor no fue capaz de encontrar las palabras de Quinto relacionadas con esta notable hazaña.

Desafortunadamente para los historiadores del malabarismo, las únicas referencias al *u-da-tuš* aparecen en estos antiguos libros de contabilidad administrativos, pero no en la literatura ni el folklore (D'Agostino, 2012).

India

AUNQUE LAS FUENTES SON limitadas, parece que la práctica de lanzar y cachar objetos en rituales y con fines de entretenimiento también tuvo lugar en la India antigua y medieval.

Cuando Alejandro Magno pretendió unir simbólicamente las culturas persa y griega en el año 324 a. C., celebró una boda masiva entre sus oficiales y mujeres persas de ascendencia noble. En este festival masivo, que resultó en 10 000 nuevos matrimonios, actuaron artistas de todas partes. Para entretenimiento de los asistentes a este festival hubo "malabaristas y equilibristas de la India, [y] magos y acróbatas de las provincias persas" (Kimmich, Bowersock y Bosworth, 2012).

En una pared del templo Airavatesvara, del siglo XII, en Darasuram, India, aparece tallada una figura que lanza y cacha pelotas mientras sostiene un objeto en equilibrio sobre la nariz.

Tulsidas, el prolífico filósofo indio del siglo XVI, comenta en uno de sus escritos que los gobernantes de su país son tiranos y sumergen a la sociedad en una depresión económica: "Todas las profesiones están angustiadas: los trabajadores, campesinos,

Figura (incorrectamente citada como Hanuman [Geisler, 2018]) haciendo malabares en el templo Airavatesvara. De "Airavatesvara Temple, Darasuram – Architecture", por Tamilnadu Tourism, 2015 https://tamilnadu-favtourism.blogspot.com/2015/12/airavatesvara-temple-darasuram_0.html

comerciantes, mendigos, poetas de la corte, oficiales, malabaristas, ladrones y magos enfrentan dificultades y recurren a todo tipo de prácticas pecaminosas, incluso llegando a vender a sus hijos por comida" (Chandra, 1971). No es una anécdota feliz, pero nos muestra que el malabarismo era una práctica diferente de la magia en la India del siglo XVI.[24]

Hay muchos textos en inglés que hablan sobre malabaristas (*jugglers*) indios. Trataremos el enturbiamiento de la palabra *juggler* con más detalle en el próximo capítulo, pero adelantamos que este término no siempre se refiere a personas que manipulan objetos con destreza. Más bien, el término *juggler* y otros de su familia (como *jongleur*, *juglar* y *malabarista*) se han referido en general a los artistas que ponen en práctica diferentes habilidades poco habituales.

Sin embargo, uno de nuestros ejemplos más concretos de artista indio que hace malabares de lanzamiento se encuentra en el ensayo *The Indian Jugglers [Los malabaristas indios]*, en el cual el narrador describe al "jefe de los malabaristas indios" realizando una actuación en la que mantiene cuatro pelotas de metal en el aire (Hazlitt, 1828).[25] Otro aparece en un artículo en *The Crayon*, un periódico estadounidense del siglo XIX, que describe una escena en Madrás:

Luego, otro [artista] se adelantó y lanzó cuatro pelotas de metal al aire, las mantuvo en constante movimiento, ahora haciéndolas girar alrededor de su cabeza, ahora lanzándolas en direcciones opuestas por debajo de sus brazos y sobre su hombro, ahora haciendo que una persiga a otra, sin perder nunca la oportunidad instantánea,

---

24   Esto puede parecer una observación menor, pero en capítulos posteriores profundizaremos en la confusión que ha habido en el significado de "hacer malabares" en diferentes culturas a través del tiempo. Es destacable que en la India del siglo XVI ya se distinguiera entre magia y malabarismo, en lugar de usar "malabarista" como término general que significara "artista".

25   Este ensayo, no obstante, no debe considerarse una prueba de que los indios desarrollaran una forma de malabarismo de lanzamiento por su cuenta, ya que muchos artistas indios habían estado trabajando en salas de música victoriana junto a artistas occidentales en Londres desde 1810 (Lamont y Bates, 2007).

con increíble rapidez visual y rapidez manual, con una delicadeza incomprensible, haciéndolas girar a su alrededor como si obedecieran servilmente a su voluntad. Tan exquisita habilidad hace que las propias manos parezcan completamente torpes e ineficaces. Y durante todo el tiempo que este malabarista manipulaba tan maravillosamente las brillantes pelotas de metal, uno de sus compañeros golpeaba un tambor amortiguado, mientras los otros observaban y, de vez en cuando, en algún vuelo peculiarmente exitoso o prolongado, estallaban con aplausos alentadores (The Crayon, 1855).[26]

Los malabaristas indios, o *jaduwallah*, se parecían más a los magos o a los artistas de circo de hoy en día, ya que realizaban trucos de prestidigitación y anatómicos, como tragarse la espada, contorsionarse y tumbarse en camas de clavos, y todos relatan que eran increíbles. Cuando Ibn Battuta, el famoso viajero marroquí del siglo XIV, se encontró con los *jaduwallah* en su viaje a la India, describió un acto de contorsión particularmente violento: "Tal fue mi asombro que me dieron palpitaciones" (Battuta, 1829).

Estos artistas indios, como quedó bien documentado cuando llegaron a los escenarios de la Inglaterra victoriana a principios del siglo XIX, tenían la deshonesta reputación de un charlatán callejero (Dadswell, 2007). Por deshonestos que hayan podido ser, a la gente le encantaban sus espectáculos:

"Pregúntele a cualquier persona qué es lo más famoso de la India, y es muy probable que obvie las glorias del Taj Mahal, la beneficencia de la dominación británica, incluso al Sr. Kipling, y que responda sin vacilar con una sola palabra: 'malabaristas'. Sí, los malabaristas indios han sido la maravilla de la India, así como de la Gran India, que se encuentra fuera de sus fronteras y dentro de las Islas Británicas" ("Are Indian Jugglers

---

26 Su servidor se pregunta si este artículo es un relato literal de juegos malabares o si está hablando discretamente sobre el malabarista indio de Hazlitt que manejaba cuatro pelotas de metal. *The Crayon* pretendía publicar solo cosas que fueran "verdaderas, honestas, justas, puras, encantadoras, y de buena fama y virtud", así que es posible que Hazlitt y los escritores de *The Crayon* vieran al mismo artista. Lo que está claro es que sería bueno que fuera así.

Humbugs? The Opinion of an Expert: An Interview with Mr Charles Bertram" ["¿Son los malabaristas indios una estafa? Opinión de un experto: entrevista con el Sr. Charles Bertram"], 1899).

Curiosamente, el término que se usa hoy en día para referirse a estos artistas tanto en español como en portugués es *malabarista*. Esta palabra proviene del nombre de la región de Malabar, en la costa suroeste de la India. Los comerciantes portugueses del siglo XVI observaron que estos indios disfrutaban de los juegos malabares en su tiempo libre (Koria, 2017). Comenzaron a referirse a los artistas en su propio país como *malabaristas*, es decir, personas con características de la región de Malabar.[27] Los españoles pronto adoptaron también esta palabra, en expresiones como *juegos malabares* y *hacer malabares* (Mirosa, 2000). El término *malabarista* pronto eclipsó a la palabra de origen latino *juglar*, que ya no se usa.[28] [29]

---

[27] "Malabar" es la forma occidentalizada de *malavaaram*, palabra que se refiere tanto a la región de la India como al idioma de su gente. En la lengua malabar, la palabra *malavaaram* está formada por *mala* y *vaaram*, que significan "colina" y "pendiente" respectivamente. Esto se podría traducir por "la tierra de la ladera" o "la gente de la tierra de la ladera". El origen de la palabra *malavaaram* se ha podido remontar hasta una lejana raíz sánscrita que significa "país al lado de las montañas" (Lorenzo Hervás y Panduro, 1801).

[28] El historiador del malabarismo Erik Åberg sugiere que esto demuestra una de estas tres hipótesis: que el malabarismo era extremadamente raro en esa parte de Europa; que el estilo de juegos malabares que tenían los nativos de Malabar estaba más desarrollado que el de Europa, por lo que se necesitaba un nuevo término; o que en realidad era una estrategia mercadotécnica, utilizada para diferenciar y exaltar a esos artistas (Åberg, 2018).

En cualquier caso, la palabra *juglar* existía en España en la Baja Edad Media, pero rápidamente fue reemplazada por la palabra *malabarista* para nombrar a esas personas que tenían una forma excepcional de entretener a la gente.

[29] También en el ámbito germanófono se ha visto en ocasiones una variante de la palabra *malabarista*, con carteles publicitarios y pósteres que anunciaban a artistas como Carl Rappo describiéndolos como *Malabaristen* y como maestros de las *malabarische Künste* [artes malabares] (Gobbers, 1949).

"Native Jugglers at Darjeeling", de The King's Empire, por J. H. Bacon, 1906, London: Cassel & Company Ltd.

Turquía

TAMBIÉN HAY REGISTROS DE malabaristas itinerantes en las calles de Turquía de principios del primer milenio.

Juan Crisóstomo, el santo cristiano de finales del siglo IV y principios del V d. C., dejó constancia de varias escenas de malabaristas que tuvieron lugar en su Antioquía natal[30] en sus homilías, en las cuales describió a mujeres pobres que recolectaban limosnas mientras hacían malabares, silbaban y golpeaban ollas y sartenes, y a las cuales la gente del pueblo les tiraba monedas para que las persiguieran y se pelearan por ellas (Caner, 2002).

Crisóstomo también alude a los juegos malabares en otra homilía, usando este arte como analogía para ejercitar el autocontrol: "Algunos sostenían que era casi imposible dominar [el arte de hablar educadamente]; esto era una mísera excusa, pues la perseverancia podía vencer cualquier dificultad. Quitarse el hábito de decir groserías no puede ser más difícil que dominar el arte de lanzar espadas y cacharlas por la empuñadura, o sostener un palo vertical sobre la frente con dos niños encaramados a él, o bailar haciendo funambulismo" (Stephens, 2014). Aunque este fragmento no describe un espectáculo como tal, sí sirve para demostrar que los malabaristas actuaban con espadas en nuestra actual Turquía ya en los siglos IV y V.[31]

En el Imperio bizantino, bajo el gobierno del romano Marco Aurelio entre los años 161-190 d. C., circulaban monedas en las que aparecían malabaristas. En una de las caras de las monedas se apreciaban tres figuras que se lanzaban seis bolas entre ellas, haciendo lo que llamaríamos

---

30   Antioquía, al igual que Jonia, se encuentra en la costa occidental de la actual Turquía.

31   El fragmento también evidencia que los insultos excesivos y el lenguaje grosero eran costumbre en Antioquía.

malabarismo o practicando el hábil juego de pelota romano llamado *trigon* (Allen y Cox, 1907).

También se dice que durante el reinado de Andrónico II, que reinó en Constantinopla entre 1282 y 1328 d. C., apareció en la ciudad una compañía de[32] malabaristas y acróbatas egipcios. Su visita la documentó Nicéforo Grégoras, un historiador bizantino de la época:

> *Durante este tiempo [es decir, en las primeras décadas del siglo XIV] se registró en Constantinopla un efímero grupo de gente —de no menos de 20 personas— que realizaba juegos malabares. Nadie de edad avanzada los había visto ni había oído hablar de ellos.*

Este grupo vagaba de ciudad en ciudad, y supuestamente visitó todos los territorios al norte y este de Egipto: Bizancio, Arabia, Persia, la Iberia caucásica y más allá. Grégoras agrega:

> *En cada país y ciudad [que visitaron] presentaron su arte. Y las artes que representaban eran formidables y maravillosas; sin embargo, no tenían nada que ver con la magia, sino que eran producto de diferentes habilidades, de entrenamientos realizados durante mucho tiempo (Soulis, 1961).*

Esos artistas realizaban acrobacias sobre palos, manteniéndose sobre la cabeza sobre altos postes verticales que se sostenían con cuerdas. Hacían trucos montando a caballo, saltando en el momento preciso para que pareciera como si flotaran en el aire. Un artista mantenía en equilibrio un frasco lleno de líquido sobre un poste de 60 cm de largo,

---

32   Sin embargo, existe una disputa académica sobre lo que Grégoras quiso decir cuando se refirió a la compañía como "egipcia", y es posible que en realidad se refiriera a una compañía de artistas itinerantes de la India. En esa época, los bizantinos se referían a los romaníes con diferentes términos, entre ellos *aigupti* (Alinčová, 2002). Los *aigupti* llegaron a Bizancio ya en los siglos XII y XIII d. C., y trajeron consigo sus tradiciones musicales, acrobáticas y de adiestramiento de animales, tradiciones que persisten hoy en día en algunas partes de la India. La teoría de la migración romaní desde la India se ha establecido tanto desde la lingüística comparativa (Rüdiger, 1782) como desde estudios genéticos modernos (Nelson, 2012). El historiador del malabarismo Lukas E. Reichenbach apoya la teoría de que estos artistas eran de la India, y su servidor comparte esta opinión.

y caminaba sin que se derramara. Otro hacía equilibrios con un palo de seis metros de largo sobre la frente, mientras un niño subía y bajaba por él. Otro artista lanzaba una pelota de vidrio al aire y la recibía con la punta de un dedo, con el codo o con cualquier otra parte de su cuerpo.

Aunque los trucos puede que los haya realizado un solo artista en cada espectáculo, Grégoras indica que cada uno de ellos había aprendido los diferentes trucos del repertorio completo de la compañía y podía hacerlos todos sobre el escenario, e incluso algunos más. No obstante, esta versatilidad podría deberse al peligro inherente a sus rutinas, pues Grégoras documenta que la compañía contaba con más de 40 cuando salieron de Egipto, pero que más de la mitad había muerto en el escenario ya a su llegada a Bizancio (Soulis, 1961).

Imagen basada en una moneda bizantina con un juego de pelota (Boeckman, 2003). De "Jugglers", por J. R. Allen y J. C. Cox, 1903, The Reliquary & Illustrated Archaeologist, págs. 1-16.

China

LOS CHINOS TAMBIÉN TENÍAN la tradición de manipular hábilmente diferentes objetos en aquella época. En la década de 1950, se descubrió un templo de la dinastía Han (206 a. C.-220 d. C.) en el remoto pueblo de Beizhai. Una talla en piedra que representa los "cien entretenimientos" —conocida en chino como *baixi*, un espectáculo tradicional que podría considerarse una forma antigua de circo chino— decoraba una de las paredes del templo (Quiyu, Dongsheng, Wichmann y Richardson, 1989). El libro *Chinese Acrobatics through the Ages [La acrobacia china a través de los tiempos]* describe una de estas figuras:

Una talla en piedra descubierta en una tumba de la dinastía Han [...] representa vívidamente, y con gran detalle, una animada representación acrobática de la dinastía Han oriental.

Calco del templo de los "cien entretenimientos". Templo de la dinastía Han (206 a. C.-220 d. C.), Beizhai, China. De la colección personal del autor.

En primer lugar aparece "Malabares con espadas", uno de los números de malabares manuales más populares durante la dinastía Han. Un viejo, con el pelo y la barba esculpidos para simular movimiento, está profundamente concentrado haciendo malabares con cuatro espadas cortas. Se percibe el esfuerzo del malabarista, está ligeramente en cuclillas y parece actuar con una gracia innata. Junto a sus pies hay cinco pelotas con las que, aparentemente, acaba de hacer malabares. En los documentos de la época se apunta que en las pelotas se habían realizado pequeños agujeros y que cuando se lanzaban al aire producían un silbido melodioso por la forma en que hacían vibrar el aire, y por eso se les llama "pelotas campana" (Fu, 1985).

Otros templos y mausoleos de la misma dinastía tienen representaciones similares de malabares y acrobacias. Los mausoleos, en particular, exhibían tallas con representaciones ornamentales de la vida cotidiana, y a menudo incluían escenas de bailarines, acróbatas y antipodistas (artistas tumbados boca arriba que hacen malabares con otra persona, generalmente más pequeña, usando los pies)[33] que entretenían a los asistentes a fiestas y festivales (Hall, 1916).

Durante la dinastía Han, el emperador Wu Di envió a Zhang Quian hacia el oeste, abriendo así la Ruta de la Seda. Esta ruta comercial llegaba hasta el Imperio romano y se utilizaba no solo para el comercio, sino también para el intercambio cultural. Las acrobacias —inclusive algunos números de los "cien entretenimientos"— también se utilizaron como una forma de diplomacia política a lo largo de esta ruta comercial (Fu, 1985).

Había también un lado más oscuro, como bien nos cuentan los historiadores, ya que se vendían a menudo malabaristas y acróbatas como esclavos en Persia y el Imperio romano. A estos artistas los regresaban a China para entretener al emperador y a sus súbditos en la corte y las plazas de la ciudad, y en todo el territorio (Wood, 2004). Esta práctica se documentó en el *Libro de Han*, un texto histórico chino del siglo I d. C.

---

33   Curiosamente, el término *risley*, que se utiliza en inglés para referirse a los trucos de los antipodistas, proviene del profesor Richard Risley, un acróbata estadounidense que desarrolló un número de malabarismo con los pies con su hijo pequeño en la década de 1840. Aunque Risley ciertamente no fue la primera persona que hizo malabares con los pies (como usted, querido lector, ya habrá entendido a estas alturas), sí que fue el primero que comercializó este número y generó una gran expectación mediática en torno a su trabajo en los Estados Unidos y en el extranjero (Schodt, 2012).

A este número también se le llama a veces *juego icario*, en referencia al mito griego de Ícaro, cuyo padre le dio el don de volar, pero quien se acercó demasiado al sol y acabó cayendo en picado de vuelta a la Tierra. En el circo contemporáneo, ambos términos se utilizan indistintamente.

Este documento describe a un diplomático enviado de Roma a China para entregar "huevos de avestruz y malabaristas [romanos] Lee-keen, que presentó como ofrendas, y con los que el emperador quedó muy complacido" (Dorn'Eich, 2003).

El intercambio cultural impulsado por la Ruta de la Seda tuvo un enorme impacto en el arte y la cultura de las comunidades situadas a lo largo de su recorrido. Los estudiosos afirman que la Ruta condujo a un periodo de renacimiento en el arte, la música, la religión y la poesía —por no mencionar los espectáculos de variedades— en China y otras culturas (Chang, 1993).

El malabarismo parece haber sido una tradición centenaria en China, y hay incluso mitos sobre la destreza de los mejores artistas chinos. El capítulo 8 del *Liezi*, un libro de proverbios taoístas del siglo IV a. C., relata la historia de Lanzi:

> *En el estado de Song vivía un hombre llamado Lanzi, que buscaba el favor del señor Yuan de Song por sus habilidades. El señor Yuan de Song lo llamó, y presentó un número artístico sobre zancos que eran el doble de largos que su cuerpo y estaban fijados a sus piernas. Caminó y corrió sobre ellos, y también hizo malabares con siete espadas, lanzándolas alternativamente y manteniendo siempre cinco espadas en el aire. El señor Yuan quedó asombrado y de inmediato le otorgó a Lanzi oro y seda. Más tarde, Lanzi volvió a actuar para el señor Yuan. El señor Yuan dijo con enojo: "Ya quedé admirado por tu habilidad y me complació conferirte oro y seda. Sin embargo, me disgusta que hayas vuelto esperando mi recompensa". Lanzi fue arrestado y pensaban matarlo, pero después de un mes quedó en libertad (Shofu, 400 a. C.).*[34]

Xiong Yiliao fue un famoso guerrero chino que luchó por el rey Zhuang de Chu, quien gobernó el país entre los años 613 y 591 a. C. Durante una batalla en el año 603 a. C., se dice que Xiong Yiliao rompió filas e hizo malabares con nueve pelotas en medio del campo

---

34 Un segundo artista también se acercó al señor Yuan con un número de malabarismo casi idéntico después de escuchar los regalos que había recibido Lanzi. Este malabarista fue reprendido y luego encarcelado (Shofu, 400 a. C.). Quizás ese haya sido el primer caso de robo de propiedad intelectual en el mundo de los malabares.

de batalla. Se cuenta que sus enemigos estaban tan asombrados que se dieron la vuelta y huyeron. Esto quedó documentado en el *Zhuangzi*, una importante colección taoísta de anécdotas y fábulas. Su autor, el maestro Zhuang, nos relata: "Yiliao de Shinan hizo malabares con pelotas y el conflicto entre los dos estados terminó" (Wu-gui, sin fecha).

Lanzi hace malabares con siete espadas en un grabado en madera de la dinastía Ming. De Chinese Acrobatics through the Ages, por *Q. Fu, 1985, Charlottesville: Foreign Languages Press.*

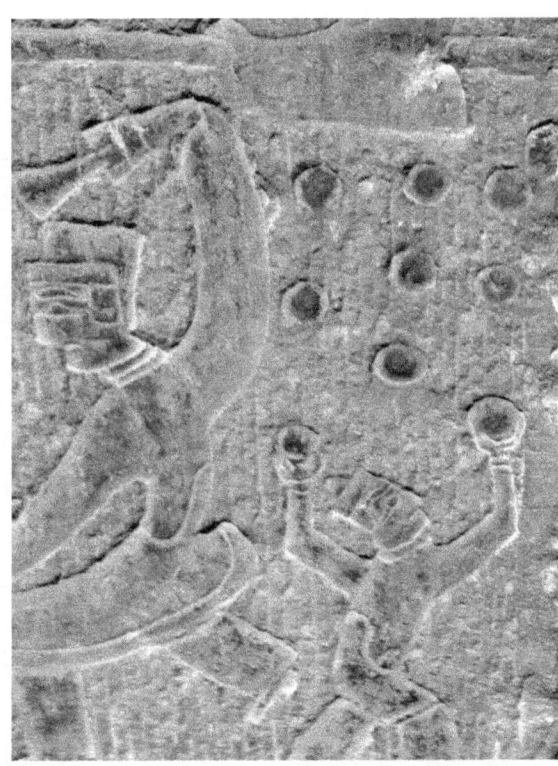

Estas tres tallas en piedra de la dinastía Han contienen malabaristas y acróbatas. Del Museo de Shandong, en la ciudad de Jinan, provincia de Shandong, China.

Las fotografías son cortesía de Arthur Lewbel.

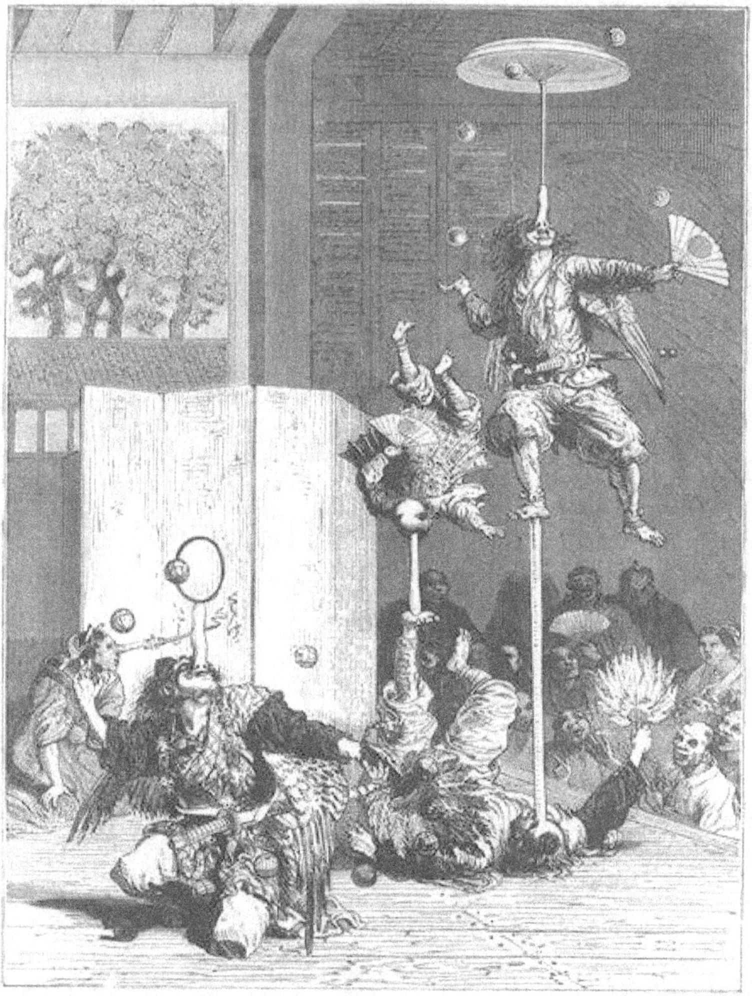

JAPANESE JUGGLERS.

Japanese jugglers. De The Races of Mankind, *vol. IV, por* R. *Brown, 1876, Londres: Cassell, Petter, & Galpin.*

Japón

LOS JAPONESES DESARROLLARON SU propio estilo de malabares, como el *daikagura*: una forma tradicional de malabarismo que todavía se practica hoy en día.

El *daikagura* fue cultivado durante el periodo Edo de la historia de Japón. Para referirse a las formas de practicar el *daikagura* —diferentes cánones de trucos y patrones cómicos— se mencionan con prefijos que indican la época o la región de origen de los trucos (Kurose, 2018). Por ejemplo, *Edo-daikagura* se refiere a trucos desarrollados en Edo (el nombre histórico de Tokio) (Åberg, 2018). Los registros muestran que durante el periodo Edo, el público también disfrutó del *Ise-daikagura* —una tradición *daikagura* de la ciudad de Ise, situada a unos 350 kilómetros al sur de Tokio (Kurose, 2018). Los trucos realizados en el *Edo-* y el *Ise-daikagura* son muy similares.

Los registros escritos de la práctica japonesa de los malabares se remontan al periodo Heian (795-1185 d. C.). El *Shinzeikogakuzu*, un pergamino de la época,[35] muestra figuras que se dedican a la música, la acrobacia, el malabarismo, la danza y otros espectáculos. Las pruebas indican que muchos de estos estilos artísticos y disciplinas del malabarismo se importaron de la China continental durante el periodo Nara de la historia japonesa (710-794 d. C.) (Kurose, 2018). No está claro qué nombre se usaba para designar a los juegos malabares en esa época, pero en la era Muromachi (1336-1573 d. C.), surge el término

---

35 El pergamino original pertenecía a un hombre cuyo nombre budista era Shinzei en el periodo Heian. Este pergamino era una colección de documentos antiguos que trataban de actividades recreativas e intercambio cultural con China. Aunque el original se perdió, existen muchas copias. La copia más antigua que se conserva data del siglo XII (Malm, 1977).

houka-gei. *Houka-gei* es un tipo de malabares tradicionales que incluye malabares con pelotas, hacer girar platos, manipular diábolos y realizar acrobacias. Los artistas de *houka-gei* trabajaban a menudo en la calle, y lo hicieron desde el periodo Muromachi hasta principios de la época moderna (Kurose, 2018).[36]

El *daikagura*, el estilo artístico que vemos hoy en día,[37] creció en popularidad durante el periodo Edo (1600-1868 d. C.) (Japan Information Network, 2002). El *daikagura* tiene sus raíces en la religión y se realizaba como una forma de expulsar a los espíritus malignos de los santuarios *jingū* —los principales santuarios sintoístas— antes de que se llevara a cabo la adoración. A pesar de su historia, el *daikagura* hoy en día se entiende principalmente como un entretenimiento secular (Maruichi, "Edo-Daikagura", 2018). El número consiste en diferentes trucos —muchos de ellos extremadamente difíciles— en los que se usan palos, pelotas, paraguas, tazas de té, disfraces de dragón y más (Corliss, 2006). Tanto hombres como mujeres realizan el *daikagura*.

Al principio, estos números se hacían solo para altos funcionarios del gobierno, pero el *shōgun* finalmente decidió que era importante que los ciudadanos comunes pudieran ver también este arte (Corliss, 2006).

Las representaciones del *daikagura* han sido una parte importante de la vida en Japón durante siglos, y muchas imágenes de los artistas

---

36   A mediados del periodo Edo, *houka-gei* se convirtió en sinónimo de actuaciones mágicas (Koruse, 2018).

37   Curiosamente, el *daikagura* y los malabares habitan en esferas separadas dentro de la cultura japonesa a pesar de sus similitudes superficiales. Cuando su servidor estuvo en Japón durante la gira *Totem* del Cirque du Soleil, que duró año y medio, por cinco ciudades japonesas, preguntó a los clubes de malabaristas locales qué sabían sobre ese arte antiguo. ¡La mayoría de esos malabaristas modernos ni siquiera habían oído hablar del término! Esto sirve como contexto a la insistencia de Senoh Maruichi por instruir a la próxima generación de artistas.

El malabarista e instructor japonés Matt Hall aporta un contexto adicional: "[Los japoneses] perciben el *daidougei* como un arte indígena japonés que tiene poca o ninguna conexión con los juegos malabares (modernos) importados de Occidente. De hecho, el hecho mismo de que usen *katakana* para describir nuestro arte moderno de hacer malabares lo marca como *gairaigo* ("palabra que viene de los extranjeros") (Hall, 2018).

Trucos de malabares y equilibrio, del rollo manuscrito Shinzeikogakuzu. De *"Shinzeikogakuzu"*, Universidad de Bellas Artes de Tokio, 2017. http://jmapps.ne.jp/geidai/det.html?data_id=19759

del *daikagura* quedaron documentadas en la *Jinrin kinmo zui* (*Enciclopedia ilustrada de la humanidad*), una extensa colección de grabados en madera con descripciones de la vida en Japón, impresa en 1690.

Los documentos que describen el "festival especial de Kasuga Wakamiya de 1349" nos dan una imagen de la representación tradicional de una compañía de artistas del *daikagura*. Un hombre llamado Harutane hizo un número de malabarismo con cuchillos, mientras que sus compañeros ofrecieron una actuación cómica: "se acercaron al frente del santuario principal y pasaron ante él; luego entraron al salón de baile por la parte de atrás, por el lado este. Después de hacer malabares con cuchillos como un mero acto de piedad y de hacer bailar a un sacerdote cómico,[38] fueron inmediatamente en procesión a la Sala Wakamiya" (O'Neill, 1958-1959).

La práctica del *daikagura* la transmite de generación en generación un maestro principal, y esta compañía, actualmente dirigida por Senoh Maruichi (antes conocido como *Kosen Kagami*), ha existido durante más de 400 años: 13 generaciones de maestros en malabarismo (Boas, 2010). El maestro de la compañía elige a su alumno favorito para que sea su sucesor. Cuando el maestro muere, su sucesor se despoja de su nombre y toma el nombre de la dinastía (Åberg, 2018).

---

38 La danza cómica se llamaba *Take no Sarugaku*, y detallaba el viaje de los artistas japoneses a China, trayendo consigo las "tres melodías *biwa*", que posteriormente robaron el rey Dragón y los dioses Dragón en su viaje (O'Neill, 1958-1959).

El repertorio actual del *daikagura* consiste en 13 trucos estándares: nueve rutinas de malabarismo y cuatro rutinas de comedia entre el maestro y el estudiante (Corliss, 2006).

En una entrevista realizada en 2010, Maruichi dijo del *Edo-daikagura*: "en su esencia [se encuentra] un arte para la gente común y los objetos comunes. Lo que hacemos es convertir lo ordinario en extraordinario" (Boas, 2010).

Maruichi dice que actualmente hay alrededor de 100 artistas del *Edo-daikagura* en Japón (Corliss, 2006), por lo que pasa la mayor parte de su tiempo instruyendo, limitando así sus actuaciones públicas a una vez al mes para poder ayudar a la siguiente generación de artistas del *daikagura*. Cuando se le pregunta sobre la perspectiva de jubilarse, responde: "¿Jubilarme? ¡Ja! En nuestro mundo, se trabaja hasta la muerte. Somos las únicas personas del mundo que hacemos estas cosas; a menos que transmita mis habilidades a la siguiente generación, desaparecerán" (Boas, 2010).

La compañía Maruichi, la compañía de los maestros intérpretes de Senoh Maruichi, utiliza este símbolo como su emblema. Maruichi lo explica: "*maru* significa *círculo*[39], *ichi* es *uno*. Observe cuidadosamente la marca de Maruichi. Se dará cuenta de que su contorno no es el de un círculo, sino que tiene la forma de… una

La marca de la dinastía de la compañía Maruichi. De "Japanese Traditional Performing Arts", por S. Maruichi, 1998-2018, http://edo-daikagura.com/

---

39 *Maru*, usado en el contexto del *daikagura*, también puede significar "pelota". Este morfema se encuentra también en los nombres de muchos trucos del *daikagura*, como *hitosumari* (dos palos y una pelota) y *hanakagomari* (flor, cesta y pelota) (Åberg, 2018).

letra *hiragana*, que se pronuncia *tsu*. *Tsu* es el nombre de una ciudad. En los tiempos antiguos, los sacerdotes sintoístas del santuario Atsuta eran de Tsu. […] En el comienzo del periodo Edo, había 12 grupos del *Edo-daikagura*. Al frente de todos los grupos estaba nuestro antepasado Gonnoshi Kagami" (Maruichi, 2015).

Malabares de Japón: Yuka Tsusaka y Otomi Nakanosan se presentan en South Bend, Indiana, en 1908. De Inside the Changing Circus: A Critic's Guide, *por D. L. Hammarstrom, 2012, Albany: Bearmanor Media.*

76 | Juggling: From Antiquity to the Middle Ages

Grabados en madera del *daikagura* y *houka-gei*, extraídos de Jinrin Kinmo Zui ["Enciclopedia ilustrada de la humanidad"], *publicada en Japón en 1690*. Adaptado de *"Jinrin kinmo zui"*, The British Museum, 1979 http://www.britishmuseum.org/research/collection_online/collection_object_details.aspx?assetId=1064862001&objectId=779515&partId=1

Rusia

LOS RUSOS TAMBIÉN TIENEN una larga historia de malabaristas, conocidos como *skomoroji*. Una de las primeras referencias a estos artistas se encuentra en el texto histórico del siglo XI *Povest' vremennyj let* (*Cuento de los años pasados*), en el que los *skomoroji* aparecen como practicantes de una forma establecida de entretenimiento. Dada la forma en que se representan en este documento, es probable que la tradición *skomoroj* date de muchos siglos antes (Zguta, 1972).

Los *skomoroji* no solo se dedicaban a lanzar y cachar con destreza, sino que también tocaban música, tenían osos adiestrados[40,] cautivaban al público con su maestría en el arte de las marionetas y bailaban maravillosamente. Eran profesionales muy respetados que actuaban en fiestas, bodas, funerales e incluso en funciones para los altos mandos de la corte del zar (Emerson, 2008).[41] Tan famosos eran estos artistas que el emperador bizantino Constantino Porfirogéneta invitó a un grupo de ellos a actuar en los teatros durante los juegos públicos del siglo X (Jaffe, 2012).

---

40   Los *skomoroji* no eran los únicos en la Edad Media que interpretaban música junto a animales adiestrados. Los *orsanti*, un pueblo errante de la región italiana de Compiano, adquirieron notoriedad como artistas fantásticos en el siglo XVI. Después de que un enorme alud de lodo devastara su valle, se dedicaron a adiestrar osos y a viajar de ciudad en ciudad, tocando música para ganarse la vida (González, 2017). También hay pruebas materiales de que los chinos actuaron con osos adiestrados a finales del siglo VI o principios del V a. C. (Harkonen, 1965).

41   Los *skomoroji* también actuaron durante las orgías de Iván el Terrible en Aleksándrovskaya Slobodá (una de las fincas más antiguas de los monarcas de Moscú) durante el siglo XVI (Findeizen, 2008). Iván era un fan de estos artistas y, al parecer frecuentemente, "[se emborrachaba] y, mientras estaba en ese estado, se ponía una máscara y bailaba con los *skomoroji*" (Zguta, 1972).

Los *skomoroji* eran un grupo descarado de artistas. En 1630, un funcionario alemán visitó Moscú y presenció una de sus actuaciones. En su diario, escribió: "Aquellos que amaestran osos, malabaristas y titiriteros, que arman un escenario en un momento mediante un cobertor atado, y dentro de él muestran a sus títeres, representando sus brutalidades y sodomías, haciendo reír a los niños, quienes de esta manera se ven inducidos a abandonar todos los sentimientos de vergüenza y honestidad" (Malnick, 1939-1940). Si usted opina que ese es el tipo de espectáculo que le gustaría ver, no es el único: los *skomoroji* eran muy populares en toda Rusia.

Grabado en madera del siglo XVIII en el que aparecen skomoroji rusos. "Lubok del siglo XVIII que ilustra skomoroji rusos", artista desconocido, s. XVIII. https://commons.wikimedia.org/wiki/File:Skomorokhs.jpg

A pesar de su atractivo popular, y a pesar de varios siglos de comentarios de la Iglesia ortodoxa rusa sobre estos artistas que los acusaban de ser personas "a las que debe rechazar el buen cristiano" (Zguta, 1972), los *skomoroji* fueron formalmente prohibidos por la Iglesia ortodoxa en 1648 como parte de una prohibición más amplia de la frivolidad pública. Muchos de estos artistas pasaron a la clandestinidad y actuaron en secreto, mientras que otros cambiaron de oficio. Curiosamente, muchos *skomoroji* se convirtieron en encuadernadores (quizás debido a su paciencia y destreza). Por esta razón, existen manuscritos rusos iluminados con malabaristas y otros artistas decorando sus páginas (Emerson, 2008). Algunos *skomoroji* también se convirtieron en soldados, panaderos, carniceros y curtidores (Zguta, 1978).

Su represión por parte del gobierno fue tan extrema que los agentes del gobierno atacaban a los artistas que se atrevieran a presentarse en público, destrozando sus instrumentos y accesorios. En 1657, el zar Alekséi Románov vetó a los mismos *skomoroji* la entrada en pueblos y ciudades de toda Rusia, a instancias de sus partidarios religiosos (Guynes, 2012).[42] En el transcurso de las siguientes décadas, esta disciplina artística fue eficazmente erradicada mediante palizas, multas, excomuniones y amenazas de castigos aún más severos (Findeizen, 2008). Por esta razón, la documentación sobre los *skomoroji* es literalmente inexistente en los registros estatales después de este decreto. Según Russel Zguta, profesor emérito del departamento de historia de la Universidad de Missouri, la

Iniciales artísticas de manuscritos rusos que representan a diferentes skomoroji tocando el salterio (alrededor de 1350 d. C.), domando animales (1323 d C.), bailando (1358 d. C.) y haciendo malabares (1544). De *Russian Minstrels:* A History of the Skomorokhi, *por* R. *Zguta, 1978, Filadelfia: University of Philadelphia Press*

---

42 El zar Alekséi había recibido su educación de tutores eclesiásticos que le ayudaron a formar una visión del mundo extremadamente conservadora y espiritual. En su boda en 1648 —un evento que normalmente requería el entretenimiento laico de los *skomoroji*—, a los espectadores se les invitó a actuaciones de varios coros y cantores eclesiásticos que interpretaban himnos religiosos (Zguta, 1972). Esto debería ofrecer el contexto para entender por qué el zar estaba predispuesto a actuar siguiendo los consejos de sus consejeros religiosos.

última referencia histórica a los *skomoroji* en cualquier texto se hizo en 1768 (Zguta, 1978).

Algunos eruditos han argumentado que los *skomoroji* aprendieron su oficio de música, malabarismo, adiestramiento de animales y danza de los artistas que viajaban a Rusia desde fuera de los confines del mundo eslavo, ya que los *Spielmänner* (artistas ambulantes) alemanes y los artistas bizantinos proporcionaban entretenimiento popular a la élite rusa de la Edad Media. Sin embargo, Zguta refuta esa afirmación en su libro *Russian Minstrels: A History of the Skomorokhi* [*Juglares rusos: historia de los skomoroji*]. Zguta explica que el primer *skomoroj* apareció en el siglo XI[43] y cree firmemente que las disciplinas de estos artistas eran la evolución de los ritos y rituales paganos de mucho antes. Esto, explica, es el motivo

Skomoroj tocando la gaita junto a su oso adiestrado en este grabado de Olaus Magnus publicado en 1555. De "The Consortium on Bagpiping", Prydein, sin fecha. http://www.prydein.com/pipes/etchings6/olaus.html

---

43 Esta afirmación va en contra de lo que el legendario malabarista ruso Alexander Kiss declara en su autobiografía de 1971 *If You are a Juggler* (*Si eres malabarista*), en la que escribe: "Durante siglos se han pulido los métodos de lanzar y cachar diferentes objetos, es decir, el arte del malabarismo. Se desarrollaron en Japón, Bizancio y la Rus de Kiev antes de trasladarse a Europa Occidental" (Kiss, 2018). Aunque el primer registro de estos malabaristas en Rusia data del siglo XI, los registros en Europa Occidental se refieren a la práctica de lanzar y cachar ya en el siglo VIII. El malabarismo parece haberse desarrollado en culturas totalmente independientes entre sí, en lugar de haberse transferido de un área a otra por todo el mundo. Puede que a Kiss simplemente le faltaran

por el cual los *skomoroji* fueron el entretenimiento tradicional en varios festivales a lo largo de la historia rusa, y una de las razones por las que la Iglesia se empeñaba en denunciarlos (Zguta, 1978).[44][45]

---

los recursos académicos que lo desmintieran, o esto podría haber sido una indirecta para sus colegas del circo europeo, comparativamente menos hábiles.

Paul Adrian, en su obra seminal de 1977 llamada *À vous, les jongleurs* [*A ustedes, los malabaristas*], afirma que el malabarismo "sin duda nació cerca de la India y se desarrolló en el Lejano Oriente antes de seducir e inspirar a Europa y al resto del mundo". Su servidor tiene dudas similares en cuanto a la validez de estas declaraciones.

44   Por supuesto, ese no fue el final de los malabaristas en Rusia. Después de la Revolución bolchevique de 1917, el gobierno comenzó a financiar las artes circenses. En 1919, Vladímir Lenin firmó el Decreto sobre la Unificación de la Preocupación Teatral, que ordenaba la nacionalización de todos los circos privados. Dos años más tarde, se creó la Administración Central de Circos del Estado. (A modo de comparación, ¡el circo fue auspiciado por el gobierno dos años antes que el cine!) Poco después, en 1927, se construyó en Moscú la primera escuela nacional de circo del mundo. En 1929, el Estado organizó una exposición sobre malabaristas y juegos malabares para que el mundo reconociera el impacto del país en la escena mundial. En pocas décadas, el circo se convirtió en una de las principales exportaciones culturales de Rusia, junto con el *ballet* (Neirick, 2012). El artista de circo pronto obtuvo un salario equivalente al de un oficial militar, y los artistas eran vistos como héroes de la Rusia soviética y como íconos de su espíritu intrépido. Es interesante destacar que uno de los dobles de Stalin, Félix Dadaev, se inició como malabarista (Veligzhanin, 2008). Podemos tomar este dato como prueba del alto perfil que tenían los malabaristas en la sociedad de la época o como prueba de que se consideraban prescindibles. Pero tal vez esa sea una historia para otro momento.

45   La relación entre estos artistas callejeros y la Iglesia la discutiremos en un capítulo posterior, pero a los lectores les puede interesar saber que la condena de los religiosos a los artistas no fue exclusiva de Rusia. Hay historias de animales adiestrados por *jongleurs* a los que juzgaban y condenaban por estar poseídos por el diablo. Todavía en 1601, un caballo que habían adiestrado para hacer trucos para el público fue condenado a la hoguera (Williams, 1820).

Las islas británicas

EN EL POEMA ÉPICO *Togail Bruidne Dá Derga* [*La destrucción de la hospedería de Dá Derga*] se documentó la existencia de un *juglar* irlandés, el término comodín que se utiliza para designar a los artistas que tocan música, realizan acrobacias y lanzan y cachan objetos. Se dice que Tulchinne[46,] el juglar de la corte o *Jongleur Rectis* de Conaire, rey de la Irlanda del siglo II, entraba en la corte con "nueve espadas en la mano, nueve escudos de plata y nueve manzanas de oro. Los lanzaba hacia arriba, y ninguno de ellos caía al suelo, y solo hay uno en la palma de su mano; cada uno de ellos subiendo y bajando, uno junto a otro, como el movimiento de ida y vuelta de las abejas en un día de belleza" (Otto, 2001).

Si creemos esta historia, Tulchinne era un excelente malabarista... pero mucho mejor bufón que guerrero. En los *Annals of the Four Masters* [*Anales de los cuatro maestros*], se dice que Tulchinne murió en la batalla: "Al bufón le cortaron la cabeza, y junto con ella el casco" (MacRitchie, 1909-1910).

---

46   Según *Lectures on the Manuscript Materials of Ancient Irish History* [*Conferencias sobre los manuscritos de la historia antigua de Irlanda*], el nombre "Tulchinne" es un término peyorativo que designa a un calvo, ya que la calvicie era vista como una vergüenza. A pesar de su nombre, Tulchinne era considerado un hombre de gran poder, tal vez debido a sus habilidades como malabarista y comediante (O'Curry, 1855-1856).

En la Europa medieval, los bufones de la corte eran a menudo calvos: esto incluye a Tulchinne, quien es descrito en *La destrucción de la hospedería de Dá Derga* como portador de "la vergüenza de la calvicie" (Otto, 2001). De hecho, el nombre "Tulchinne" es un apodo derivado de la antigua palabra *gaedhild* que significa *calvicie*, una palabra que lleva consigo la marca de "reproche, pues calvicie se considera en todo momento una vergüenza [...] una sumisión a la vergüenza o a la humillación por el amor de Dios" (O'Curry, 1855-1856). William Sayers, de la Universidad Cornell, afirma que este tipo de peinado lo adoptaron los malabaristas como muestra de su sumisión y sacrificio al rey (Sayers, 2009).

Cu-Chulainn in battle. From Myths and Legends of the Celtic Race *by T.W Rolleston and J.C. Leyendecker, 1911, New York: Thomas Y. Crowell Company Publishers.*

En Irlanda también existe el mito de Cú Chulainn, un héroe popular del Úlster cuyas hazañas quedaron documentadas en el poema épico del siglo VIII *Táin Bó Cúailnge* (aunque se dice que la obra formó parte de una tradición oral considerablemente más antigua). Con su ciudad sitiada, Cú Chulainn buscó que lo entrenara en combate una mujer llamada Scáthach, una misteriosa mujer que vivía en una isla, protegida por un puente encantado. Como parte de su entrenamiento de combate, Cú Chulainn tuvo que aprender "el truco de las manzanas: manipular nueve manzanas sin sostener nunca más de una en la palma de la mano", así como otras habilidades. Cú Chulainn sale finalmente victorioso en sus batallas gracias a la diligente formación proporcionada por Scáthach, por lo que quizás nuestro querido Tulchinne habría hecho bien en viajar también a esa isla encantada (*Táin Bó Cúailnge*, 2002).

Las actuaciones de los juglares en la Irlanda medieval temprana estaban reguladas por ley, o al menos había reglas establecidas para compensar al público si los malabaristas herían a alguien durante las actuaciones. El tratado legal del siglo XII llamado *Bretha étgid*, cuyo título se traduce vagamente por "juicios de inadvertencia", incluye una breve nota sobre las compensaciones al público que hubiera resultado herido durante la actuación de un juglar.

Un *juglar*, descrito aquí como alguien que "multiplica las lanzas o las pelotas de malabares en el aire", se dedica a actividades que se dividían en dos categorías: "los trucos peligrosos son todos aquellos en los que se utilizan puntas [de lanza] o filos [de espada]; los trucos no peligrosos son todos aquellos en los que no se utilizan puntas [de lanza] ni filos [de espada]" (Fletcher, 2000).[47]

A pesar de la relativamente noble condición del juglar de esa época, no tenían derecho a ningún tipo de compensación si eran ellos los que se lesionaban mientras ejercían su oficio, como era común en otras profesiones en ese entonces (considérese esto un tratado sobre las compensaciones laborales de la Temprana Edad Media). El tratado legal *Míadslechta* (*Pasajes relacionados con el rango*) afirma claramente que "[cualquier artista] que contorsiona su cuerpo y su cara no tiene derecho a un precio de honor, porque pierde su forma frente a multitudes y anfitriones" (Fletcher, 2000).

Sin embargo, si un malabarista era empleado por un noble y no recibía buen trato, el texto legal *Di Chetharslicht Athgabála* (*Sobre las cuatro divisiones del embargo*) establecía una pena: "Cinco vacas es la multa por descuidar el mantenimiento de un *drúth* con tierra y con habilidad para hacer malabares; [el hecho de poseer tierra y poder hacer malabares] es la razón por la que la multa es pequeña" (Fletcher, 2000). Yo interpreto que esto significa que un malabarista hábil, dueño de una tierra, podría fácilmente buscar trabajo con otro patrón, y que en parte es culpable de haberse quedado con un noble que no lo tratara bien.

Los malabaristas, conocidos en Irlanda como *drúth*, *gleemen* o *clessanaig*, gozaron de una posición relativamente noble en la sociedad hasta el siglo XVI, pero finalmente los trataron como deshonrados y de mala reputación, hasta el punto de negárseles varios derechos civiles que sí tenían los ciudadanos comunes. En el antiguo texto legal irlandés *Senchus Mór*, se estableció una ley que declaraba que los *drúth*, los acróbatas, los payasos y los bufones debían

---

47 No está claro si las personas lesionadas por un juglar recibían una compensación mayor o menor si el truco era peligroso o relativamente seguro (Fletcher, 2000). Después de todo, ¿cuál merece más una penalización? ¿El malabarista que hiere a alguien mientras hace algo seguro o el malabarista que hiere a alguien mientras hace algo peligroso?

Su servidor espera que la indeterminación mostrada aquí sea porque nadie resultó herido durante un espectáculo de malabares y nunca debió aplicarse esta ley.

pertenecer a la misma clase social que los forajidos, las prostitutas y los paganos, la casta más baja, denominada "banquete de los demonios" (Joyce, 1906).[48]

Entretenimiento en la corte del siglo XI, con un malabarista, un juglar y un enano. De The Illustrated History of the World, por Ward, 1890, Lock & Co.

Esta posición social extraordinariamente baja —no solo en Irlanda, sino también en otros países de las Islas Británicas y de Europa— se evidencia

---

48   Es interesante advertir que el santo patrón de los malabaristas en la Iglesia Católica es San Julián el Hospitalario. Su historia es complicada, aunque la primera referencia a este personaje aparece en el siglo XII, en la que se cuenta la historia de una maldición pagana, el asesinato de su madre y su padre perpetrado por él mismo en un caso de confusión de identidad, y su arrepentimiento resultante en la construcción de un asilo y hospital (Whatley, Thompson y Upchurch, 2004). San Julián el Hospitalario es el patrón de los feriantes, payasos, malabaristas, asesinos arrepentidos, violinistas y otras personas antiguamente relegadas a la segunda clase de la sociedad medieval (catholic.org, sin fecha).

en otros pregones legales en toda Europa. En 1541, una ley del Parlamento británico dictó que los adivinos y otros artistas callejeros recibirían el castigo de ser atados desnudos a un carro, arrastrados por la ciudad y azotados "hasta que el cuerpo se ensangrentara a causa de tal flagelación". Los delincuentes reincidentes obtenían castigos más severos, como recibir más azotes, más tiempo en una picota y que les cortaran una oreja. Algunas revisiones posteriores a esta ley, en la década de 1570, agregaron marcas de hierro candente, azotes más severos y otros castigos a la ya brutal lista (Clarke, 1924).

La condición de delincuente del malabarista persistió hasta 1821,[49] en un informe de la Cámara de los Comunes de Inglaterra titulado "Select Committee on the Existing Laws Relating to Vagrants" ["Comité Selecto sobre las Leyes Existentes Relativas a los Vagabundos"]. Este informe sugiere que el parlamento suprima una ley por la que se ofrecen diez chelines a quien haya presionado a un "vagrant" (en el lenguaje jurídico inglés, un "vagrant", o "vagabundo", generalmente se refería a "un tipo desagradable que probablemente tiene malas intenciones") a realizar un negocio legítimo, y en su lugar envía al delincuente a trabajos forzados durante un mes en el primer delito, con castigos más severos para los delincuentes reincidentes. Por supuesto, estos castigos podrían complementarse con el cepo y la picota, con azotes, e incluso con unirse a la marina.

Los malabaristas están incluidos en la lista de "vagrants", bajo la categoría "Pícaros y vagabundos", junto a tipos tan desagradables como los adivinos, los apostadores callejeros, los borrachos que se duermen en cervecerías, los ladrones, los cazadores furtivos y los adiestradores de osos ("Select Committee on the Existing Laws Relating to Vagrants", 1836).[50] Este tipo de legislación era omnipresente en Europa. Por ejemplo, varias ciudades y estados alemanes

---

49   ¡Le produce a su servidor un gran dolor reconocer que en algunos lugares todavía sigue vigente este bajo estatus hoy en día!

50   Un divertido ensayo de 1806 nos da una perspectiva más amplia del bajo estatus social que tenían nuestros amigos malabaristas de antaño. El autor discute el estado del entretenimiento (y, de hecho, de la sociedad en su conjunto) en la Europa del siglo XIII, diciendo que "las diversiones de la época llevaban el sello de la grosería: rimadores groseros, juglares y enmascarados, malabaristas, acróbatas y postureros, eran

y austriacos también tenían leyes que prohibían la práctica del malabarismo, los títeres y otras formas de espectáculos callejeros sin el permiso expreso por escrito de los funcionarios de la ciudad y del estado (Kleimayrn, 1797). Para aplicar estas leyes se amenazaba con la deportación (Reichenbach, 2018).

Aunque se necesitaron varios siglos para que este cambio social —de la nobleza a la irascibilidad— se llevara a cabo, los *drúth* siempre se consideraron un grupo escandaloso. Hay una leyenda irlandesa de principios del siglo VIII que habla de un *drúth*, llamado Úa Maigleine, al que decapitaron. Antes de su ejecución, lo invitaron a dar por última vez su característico "grito del bufón", un grito que resonó durante tres días y tres noches después de su muerte. Aparentemente, este fue el comienzo de una gran tradición de gritos entre los intérpretes irlandeses de la época, que gritaban en las calles y causaban un escándalo general.

Los *drúth* irlandeses del siglo XII deben haber sido particularmente ruidosos, pues en el tratado *Bretha Crólige* ["Juicios de mentiras de sangre"] de la época se estableció que no se permitía que ningún *drúth* entrara en las casas de los que estaban postrados en cama, ya que sus excentricidades eran lo último que un moribundo querría aguantar (Fletcher, 2000).

El rey MacBeth, que gobernó Escocia entre los años 1040 y 1057 d. C., parece haber odiado los juegos malabares. Insistió en que todos los malabaristas y "bufones falsificadores" —a menos que tuvieran un permiso especial del rey— olvidaran su arte y aprendieran una ciencia u oficio legítimos. "Si se negaran a hacerlo", aseguraba su mandato, "deberán arrastrarse como caballos con arado y escarificador" (Boethius, 1577).

Algunos eruditos argumentan que los *jongleurs*, juglares y trovadores errantes eran vistos como una amenaza por la Iglesia a principios de la Edad Media, ya que manipulaban objetos, bailaban y cantaban canciones seculares. El *Elucidarium*, un resumen de la teología cristiana del siglo XI, nos da una ilustración concreta de la postura de la Iglesia en aquel momento sobre los juglares. Cuando un estudiante pregunta si los *ioculatores* tienen alguna esperanza

---

el deleite de una gente grosera, [...] monumentos del gusto grosero infundido por los monjes, estos árbitros groseros de la elegancia" (Preston, 1806).

de salvarse, el maestro responde: "Ninguna. Porque de hecho, por toda su intención, son siervos de Satanás; de este pueblo se dice: 'No reconocieron a Dios; por lo tanto, Dios los desprecia, y el Señor se burlará de ellos'" (Daniels, 2011).

Dada la postura de la Iglesia en la época, no es de extrañar que a los juglares se les negara la comunión, se los marginara en la sociedad, junto con las prostitutas y otros que "avergüenzan su cuerpo [...] distorsionando la imagen de Dios en sus cuerpos" (Daniels, 2011).

Tomás de Chobham, un erudito religioso de la época, opinó que algunos juglares "distorsionan y transfiguran sus cuerpos mediante acrobacias o gestos indecentes, o revelando indecentemente sus cuerpos, o cubriéndose con vestimentas o máscaras horribles, y todos ellos son condenables a menos que dejen de lado sus oficios" (Chobham). Más allá de esta "distorsión de la imagen de Dios", el *jongleur* también era visto como una clase de comerciante que en realidad no tenía habilidades prácticas y se le consideraba irredimible, ya que no añadía nada tangible a la sociedad (Daniels, 2011). Además, la Iglesia parece haber visto a estos artistas como *competencia*, ya que atraían a grandes multitudes para que vieran sus actuaciones durante las fiestas mayores, y si la gente estaba viendo un espectáculo no llenaba las bancas durante los servicios religiosos (Baldwin, 1997).

Este mandato nace también de una atmósfera de xenofobia a principios de la Edad Media. Los juglares de antaño viajaban de ciudad en ciudad en busca de nuevo público. Los trabajadores migrantes (ya que, en esencia, eso es lo que eran estos artistas ambulantes) a menudo eran considerados una amenaza para las ciudades a las que viajaban. El libro *The Stranger in Medieval Society* [*El forastero en la sociedad medieval*] relata la abierta hostilidad que surge como resultado de la animosidad general hacia todos los extranjeros, y que toma la forma de fuertes impuestos, destierro y, a veces, vil asesinato (Akehurst y Van D'Elden, 1998).

La percepción del malabarismo como forma de arte ilegítima y superflua puede observarse a través de la historia de las islas británicas hasta principios del siglo XIX. En su texto de 1820 titulado *An Historical Account of Inventions and Discoveries in Those Arts* (*Relato histórico de las invenciones y descubrimientos en esas artes*), J. Frederick Lake Williams ofrece el siguiente relato acerca de la invención del malabarismo: "Hay artes que son de verdadera utilidad, y esas fueron las primeras que se introdujeron en la sociedad; que condujeron a la comodidad individual y a la felicidad general; pero llegó una época en la que ya estaban todas inventadas, y si se traían al mundo más manos de las que se podían emplear en todas esas artes útiles; ¿qué se podía hacer entonces?" (Williams, 1820).[51]

Guillermo el Conquistador, el duque normando que derrotó a Inglaterra y la gobernó como rey entre los años 1066 y 1087 d. C., tenía una debilidad especial por los malabaristas. Comenzó una tradición que se prolongó durante unos 500 años, incluso durante el reinado de Enrique VIII. Tal tradición la instauró con su decisión de establecer oficialmente la figura del *jongleur rectis*, el "malabarista real" o "rey de malabaristas" (Strickland, 1851).

El primer *jongleur rectis*, un hombre inteligente llamado Taillefer, llegó a luchar junto a Guillermo el Conquistador en la batalla de Hastings. Animó a las tropas normandas con cantos de victoria y gestas heroicas.[52] Rompió filas, adelantándose a sus compañeros soldados mientras hacía malabares con su espada y se burlaba de sus enemigos ingleses. Se dice que tomó su lanza por el mango, la lanzó al aire y consiguió agarrarla por la hoja tres veces. La cuarta vez que la lanzó, lo hizo hacia los ingleses e hirió a uno de sus soldados (Allen y Cox, 1907). Los ingleses mataron a Taillefer en represalia, y cayó al suelo "repleto de heridas" por el ataque del enemigo (Cohen J., 2013) (LaCroix, 2013).

---

51   La mayoría de las biografías de *drúth*, *gleemen*, y *jongleurs* describen el ascenso desde la pobreza extrema hasta cierta autosuficiencia mediante el aprendizaje de habilidades físicas. Sin embargo, también hay historias de mercaderes y nobles que acabaron siendo *jongleurs*. Una de estas historias es la de Gaucelm Faidit, un rico comerciante francés de la Edad Media que "perdió todas sus posesiones jugando a los dados y tuvo que convertirse en *jongleur*" (Jones W. P., 1931).

52   Sir Walter Leaf, el presidente de la Sociedad Helénica a principios del siglo XX, afirmó en su obra *Homer and History* [*Homero e Historia*] que Taillefer recitó el poema épico *Cantar de Roldán* para las tropas que avanzaban mientras él giraba y lanzaba su espada ("Journal of the Royal Society of Arts", 1933). Este poema narra la batalla de Roncesvalles, en la que Carlomagno derrota al último bastión musulmán de España.

A pesar del heroísmo[53] que mostró Taillefer en este episodio histórico, a los malabaristas europeos medievales se les tenía prohibido convertirse en caballeros (LaCroix, 2013).

Wace, un poeta normando del siglo XII, escribió una colección de poemas que relatan la leyenda del rey Arturo, entre otras historias y leyendas famosas. Esta colección, *Roman de Brut*, es la fuente aparente de la leyenda de la Mesa Redonda y el nombre de la espada de Arturo, Excálibur. En el fragmento

Taillefer hace malabares con su espada. De History of the Nation, *por R. C. Woodville, 1902, Golding.*

sobre la celebración de la coronación del rey Arturo, que tradicionalmente se entendía que había tenido lugar alrededor del año 500 d. C., Wace lo ilustra así: "En la corte / había muchos malabaristas, / cantantes e instrumentistas; / allí se podían escuchar muchas canciones, / *rotrouenges* y nuevas melodías… También había magos, / artistas y malabaristas; / algunos narran cuentos y fábulas / otros piden dados y *backgammon*" (Baltzer, 2012). Aunque se considera que el libro se basa vagamente en hechos históricos, y que incluye "muchas adiciones fantásticas" (Enciclopedia Británica, 2007), las distinciones entre malabaristas, magos, narradores, cantantes y músicos son interesantes. A pesar de no constituir una prueba de que el rey Arturo haya presenciado un espectáculo de malabares momentos después de ser proclamado rey, este fragmento sirve

---

53   … ¡si es que así lo podemos llamar!

92 | Juggling: From Antiquity to the Middle Ages

como prueba de que los intérpretes del siglo XII entretenían a los británicos de maneras que nos resultan familiares hoy en día.

La edición del 1 de abril de 1871 del Harper's Weekly publicó una breve columna sobre "acróbatas callejeros" junto con otras actualizaciones sobre la

situación política mundial, noticias y ejercicios artísticos. El autor anónimo

Un grupo de artistas callejeros prepara su escenario. De Harper's Weekly. From Harper's Weekly, *April 1, 1871.*

parecía estar angustiado por el estado de las representaciones callejeras en Europa y, al mismo tiempo, desconcertado por la aparente vanidad y el engaño del resto de los artistas:

Antes se les llamaba "saltimbanquis"; pero ahora son "contorsionistas", "gimnastas" y "acróbatas". En proporción a su pérdida de poder y habilidades, estos artistas callejeros han asumido títulos más pomposos. ¿Pero acaso no se los merecen? ¿No se ha convertido en "prestidigitador" el malabarista que cocina huevos en un sombrero de seda y guarda una mercería en su interior? ¿Acaso no se han convertido el jinete de circo en "caballista", el señor que te corta el cabello en "profesor" y el oficinista en "empleado"?

En este país los artistas callejeros, de ese tipo… rara vez se dejan ver, e incluso en las ciudades europeas su número está disminuyendo. Van en grupos de dos o de tres, en lugar de en grandes compañías como antaño, y les resulta difícil atraer al público. Es evidente que la raza de acróbatas está desapareciendo rápidamente, y en unos pocos años ya solo formarán parte de museos de historia y antropología (Street Acrobats [Acróbatas Callejeros], 1871).

Este informe venía acompañado de un grabado titulado "Acróbatas callejeros", en el que aparecen tres animadores de aspecto cansado armando un espectáculo callejero. Uno carga un tambor mientras los otros dos preparan un escenario improvisado, colocando pelotas, platos y otros accesorios. Por supuesto, esto no quiere decir que a los artistas ingleses no se les reconociera nunca su destreza. De hecho, Guillermo el Conquistador, el duque normando que derrotó a Inglaterra y ocupó el trono entre el 1066 y el 1087 d. C., tenía una particular debilidad por los malabaristas. Instauró una tradición que se prolongó durante unos 500 años, hasta el reinado de Enrique VIII: estableció oficialmente la figura del jongleur rectis, el "malabarista real" o "rey de malabaristas" (Strickland, 1851).

94 | Juggling: From Antiquity to the Middle Ages

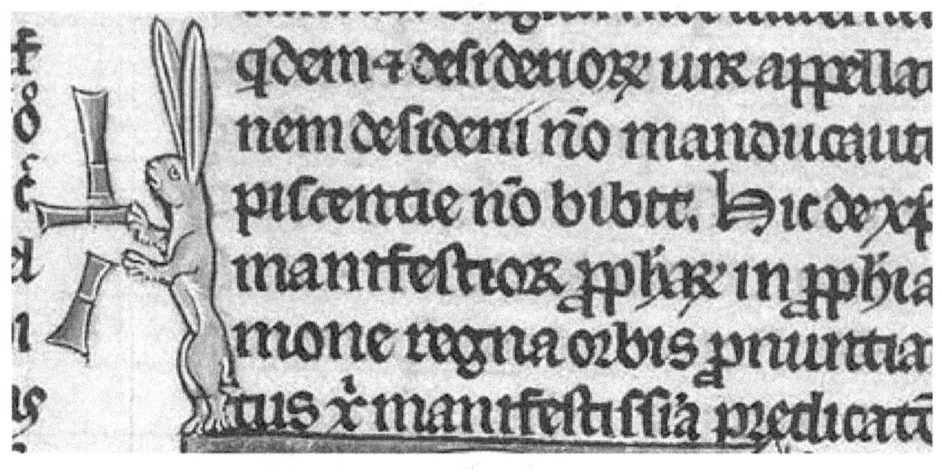

Arriba: Conejo haciendo malabares con cuchillos.

Abajo: Hombre haciendo malabares con unos cuchillos similares, acompañado por un músico que toca el tambor. Estas marginalia, dibujadas por un artista o unos artistas desconocidos, aparecen en el Salterio de Rutland, un manuscrito religioso del año 1260. Adaptado de "Add MS 62925", The British Library – Digitised Manuscripts, sin fecha http://www.bl.uk/manuscripts/FullDisplay.aspx?ref=Add_MS_62925

España

Grabado del rey Alfonso el Sabio, encontrado en un libro de 1807 que describe su legislación histórica. De "Las siete partidas del rey don Alfonso el Sabio", Biblioteca Virtual Miguel de Cervantes, sin fecha. http://www.cervantesvirtual.com/obra-visor/las-siete-partidas-del-rey-don-alfonso-el-sabio-cotejadas-con-varios-codices-antiguos-por-la-real-academia-de-la-historia-tomo-2-partida-segunda-y-tercera-0/html/01f12004-82b2-11df-acc7-002185ce6064.htm

A PRINCIPIOS DE LA Edad Media, a los *jongleurs* se les conocía con el nombre de *juglares*[54] en la región española de Castilla. Al igual que con *jongleur*, el término juglar no solo se refería a aquellos que lanzaban y cachaban objetos, sino que era más bien un término que significaba "artista" en sentido amplio. Según el *Diccionario del*

---

54   Como se ha comentado en la sección sobre los malabaristas indios, la palabra actual *malabarista* no se usó en la lengua española hasta el siglo XVI. El término *malabarista* llegó a España y Portugal después de que los comerciantes portugueses establecieran puertos en la costa sureste de la India. Antes del siglo XVI, los hispanohablantes usaban las palabras *juglar* y *jonglar*, que provienen del latín.

teatro de Pavis, el *juglar* era un artista que "hacía malabares, acrobacias o improvisaciones teatrales antes de vender al público una serie de bienes, como cremas y medicinas; [...] eran los representantes de un teatro iletrado, para el pueblo, y a menudo satírico y con carga política. Los espectáculos [eran] gratuitos, y [tenían] lugar dondequiera que se reunieran las clases bajas, pero a veces también se presentaban ante la aristocracia que no desdeñaba mezclarse con sus súbditos. Las actuaciones de los juglares se basaban casi siempre en ejercicios físicos, no en textos matizados ni simbólicos, [...] eran los reyes del teatro callejero [en la Edad Media]" (Pavis, 1998).

Y, al igual que en otros países europeos de la época, los juglares sufrían el escrutinio del gobierno. La primera ley que regula el malabarismo en todo el reino[55] se encuentra en el texto legal multivolumen *Las siete partidas*, del rey Alfonso X el Sabio, escritas durante su reinado, entre el 1252 y el 1284 d. C.:

> *Otrosi son enfamados [(infames)] los juglares, et los remedadores et los facedores de los zaharrones*[56] *que públicamente antel pueblo cantan, ó baylan ó facen juegos por precio que les den: et esto es porque se envilecen ante todos por aquella que les dan. Mas los que tanxiesen estrumentos ó cantasen por solazar á sí mismos, ó por facer placer á sus amigos, ó dar alegria á los reyes ó á los otros señores, non serien por ende enfamados (Real Academia de la Historia, 1807).*

Es posible que esta decisión de dividir a los juglares en dos grupos, uno de clase alta y otro de clase baja, fuera el resultado de una carta que el rey Alfonso recibió en 1274 de Giraud Riquier, un trovador bastante conocido.

---

55   En algunos casos se legisla en contra del juglar a nivel provincial. En 1324, por ejemplo, la Diputación Provincial de Toledo denunció a los obispos por permitir que los malabaristas entraran en sus palacios para actuar (Starkie, 1935).

56   Para referirse a estos payasos se utiliza el término antiguo *zaharrón*, que designa a una "persona que usa máscaras y disfraces grotescos para divertir a los demás". Esta palabra deriva de la palabra árabe *suhra*, que significa "máscara" (Márquez-Villanueva, 1998).

La carta de Riquier contenía información sobre la situación de las clases sociales en Francia en ese momento, así como un desglose de los estratos sociales oficiales de los artistas según sus logros. Lamenta que la otrora noble profesión del trovador se haya degradado sustancialmente, y le pide al rey de España:

Pero vos, señor, vos, que unís la autoridad, el conocimiento y el discernimiento necesarios para corregir un desorden tan mezquino; vos, a quien le pertenece más que a ningún otro, para actuar como es propio de un poderoso monarca; vos que reináis sobre Castilla, donde la juglaría y el conocimiento siempre han encontrado más protección que en ningún otro país; vos, que sois tan estimado por vuestra generosidad, y cuyo apodo —el Sabio— está tan auspiciosamente adaptado al trabajo que propongo; vos, señor, debéis emprender esta reforma; todo lo que ordenéis será observado universalmente. Prohibid, entonces, que los que entienden el arte de la composición, que pueden escribir canciones y otras poesías a la vez útiles e ingeniosas... prohibidles, os digo, que se confundan con meros juglares y otros de ese sello; dadles un nombre específico, tal como os parezca apropiado.

El rey respondió:

Somos de la opinión de que el vocablo "juglares" designa a aquellos cuya profesión es vagabundear por el mundo y visitar las cortes; sin embargo, es un gran descuido de la palabra nombrarlos a todos por igual. En España, tenemos nombres particulares para las diferentes especies de juglares, desde el rango más bajo hasta el más elevado (Sacy, 1829).

A pesar de que España ya tenía un lenguaje más matizado que Francia en aquella época en relación con el teatro de calle, parece que el rey Alfonso se dejó llevar por la petición de Riquier. Rápidamente creó un nuevo sistema de clasificación social y lo registró en *Las siete partidas*.[57]

La categoría más alta era para los *doctores en arte poético*, los compositores cultos que escribían canciones que evocaban altos estándares morales y practicaban las lecciones que impartían. Les seguían los *trovadores*,

---

57 Sandra Pietrini, profesora de Historia del Teatro en la Universidad de Trento (Italia), sugiere la posibilidad de que en realidad haya sido Riquier quien escribiera la declaración del rey sobre este asunto (Pietrini, 2010).

que interpretaban los cantos escritos por los primeros, y que también componían danzas y poesía, pero que no eran necesariamente cultos. En tercer lugar estaban los *juglares*, intérpretes que entretenían a los integrantes de la corte (Sacy, 1829). En Francia, había una última categoría, la más baja, la de los *bufones*. En España, esta categoría se reservaba para los imitadores, adiestradores de animales, y aquellos que se habían "abandonado a las búsquedas frívolas". Allen y Cox afirman que esta última categoría, la del *bufón*, incluía sin duda a aquellos que practicaban con habilidad el arte de lanzar y cachar objetos, lo que ahora llamamos malabarismo (Allen y Cox, 1907).

El rey Alfonso el Sabio fue más allá de las sugerencias de Riquier y separó a los *juglares* en dos grupos. El *juglar* que actuaba en público con la única intención de ganar dinero vendiendo "aceite de serpiente" o pidiendo monedas al final de una actuación quedó diferenciado de su contraparte más noble, la que elevaba el espíritu humano a través de las representaciones teatrales.[58] El codicioso *juglar* estaba ahora en el nivel más bajo de los estratos sociales. De hecho, el rey Alfonso fue tan serio en esta división que incluyó en *Las siete partidas* una ley que prohibía el contacto romántico o sexual con las juglares femeninas de clase baja… y con sus hijas, independientemente de si eran artistas callejeras o no (Real Academia de la Historia, 1807).

Esta "degradación" de la otrora noble y poética profesión del trovador[59] puede verse en los comentarios que dejaron por los rivales

---

58   Cabe señalar que a estos artistas de los estratos sociales más altos sí que se les pagaba por su trabajo, aunque no directamente. Actuaban "a cambio de favores, incluso dinero; [los artistas] se convertían en objetos de intercambio entre los clientes, aunque fueran ellos mismos quienes siguieran teniendo el control de su destino" (Burgwinkle, 1991).

59   En el artículo de L. M. Wright "Misconceptions Concerning the Troubadours, Trouvères, and Minstrels" ["Conceptos erróneos sobre los trovadores, troveros y juglares"], el autor afirma que "los *jongleurs* errantes se apropiaban del título de *menestrel* para alimentar su vanidad y hacerse pasar por personas de un estatus social superior. […] La verdadera diferencia entre *jongleur* y *menestrel* era… el nivel de cortesía. La primera palabra solía usarse cuando se pretendía denigrar, y la segunda cuando se quería elogiar.

de Riquier. Giraud Calanson, un trovador de menor mérito que aparentemente no compartía la exigencia de pureza en la profesión que predicaba Riquier, concluyó así una vez una conferencia dirigida a sus colegas:

> *Aprende a tocar el tamboril y los platillos, a preparar nueve instrumentos con diez cuerdas, a manipular el violín de muchas cuerdas, a tocar el arpa y la guitarra, a tocar la flauta, y a inventar un baile que se adapte a los sonidos de la gaita. Aprende también a lanzar y cachar pelotitas con las puntas de los cuchillos, a hacer trucos con cestas, a imitar el chirrido de los pájaros y a saltar a través de cuatro aros.*

Riquier creía que estos trucos de malabarismo y otras tonterías de bajo nivel contaminaban las enseñanzas morales de la mente elevada que el trovador se había propuesto originalmente inculcar en su público (Agnew y Bidwell, 1872).

Dos trovadores tocan cuatro flautas en los márgenes de la cantiga 360 en las Cantigas de Santa María, una colección de música religiosa interpretada por trovadores, compilada bajo el patrocinio del rey Alfonso. Adaptado de "Chirimías", de las Cantigas de Santa María, por Alfonso X el Sabio, sin fecha. https://cantigas.webcindario.com/imagenes/albuminstrumentos/pages/chirimias360_jpg.htm

---

Jongleur, la palabra más antigua, había adquirido un significado peyorativo, pero la palabra más moderna, al estar asociada con los artesanos, era más bien halagadora" (Wright, 1967). Aquí, Wright habla de la Francia del siglo XII, pero si es cierto que el *jongleur* tenía la costumbre de apropiarse del título de *troubadour*, de mayor rango, podemos ver por qué Riquier podía enojarse. Walter Starkie, en su artículo "Gypsy Folk Lore and Music" ["Tradición y música del folclore gitano"], describía el desprecio que el *troubadour* sentía por el *jongleur* como "[parecido] al desprecio que el compositor moderno capacitado siente por el compositor popular, o el violinista por el vagabundo que rasga las cuerdas" (Starkie, 1935).

Posición social del malabarista en Europa

LA ESTRATIFICACIÓN DE BUFONES y malabaristas que notamos en España se ve también en otras culturas europeas de la época. En el juego del *Tarot*, un complicado juego de cartas desarrollado en Italia en el siglo XV,[60] encontramos 21 cartas especiales de triunfo con valores asignados (Husband, 2016). Estas cartas están ilustradas con figuras religiosas y virtudes teologales con valor descendente. ¿Y cuáles son las dos cartas de menor valor? El bufón y el mago malabarista. Aunque se conocen pocos mazos completos del siglo XV, estas dos cartas de triunfo en particular y sus valores parecen ser uniformes en toda Europa a lo largo de la Edad Media (Husband, 2016). Esto sugiere que estos oficios, además de estar mal vistos en la mayor parte de Europa, también se consideraban disciplinas únicas dentro del mundo del espectáculo en diferentes culturas.

Un manuscrito del siglo XIII describe la leyenda francesa de "Le jongleur de Notre-Dame" ["El malabarista de Notre-Dame"], una historia que tiene probablemente varios siglos más de antigüedad que el manuscrito. En esta historia, un *jongleur* famoso renuncia a su profesión para convertirse e internarse en un monasterio. Se frustra al no poder leer la Biblia, cantar u orar, y entra en la cripta. Allí encuentra una estatua de la Virgen María y se siente obligado a rezar de la única manera que conoce: haciendo acrobacias, lanzando y cachando, y bailando. Lleno de

---

60   El Tarot empezó a asociarse con la adivinación y el ocultismo en el siglo XIX. En un principio, estas cartas se crearon como un simple juego de mesa. Las cartas hoy en día no solo persisten como herramienta mística, sino que también son el predecesor directo de las barajas de cartas modernas.

Izquierda: El Loco, la carta de triunfo más baja de las cartas de tarot Visconti-Sforza, el más completo y lujoso mazo de tarot conocido hoy en día (Wintle, 2018). Derecha: Bagatto, también conocido como "el malabarista" o "el mago": la segunda carta de triunfo más baja de las cartas del tarot Visconti-Sforza. Extraído de "Visconti-Sforza Tarot Cards", The Morgan Library & Museum, sin fecha. https://www.themorgan.org/collection/tarot-cards

devoción, comienza a actuar en secreto para la estatua con regularidad, pero finalmente lo descubre otro monje. Al final de esa actuación, el *jongleur* se desmaya en un charco de sudor. La estatua de la Virgen María cobra vida y lo abanica con un paño. Sorprendido, el monje espectador convoca al *jongleur* para que se reúna con él, y el *jongleur* se lleva tal susto —preocupado de que lo expulsen del monasterio— que se muere de miedo. Cuando su alma abandona su cuerpo, María la salva de los demonios que la reclamaban (Ziolkowski, 2006).

El erudito medieval Jan Ziolkowski sugiere que la historia de "Le jongleur de Notre-Dame" se usó en los sermones como una manera de atraer al público a asistir a los servicios de la iglesia compitiendo directamente con el entretenimiento secular: "describiendo el virtuosismo de un hábil artista, el predicador que empleó este ejemplo había incorporado algo de lo que sus competidores podían ofrecer: la emoción de oír hablar sobre una actuación sobresaliente podría haber rivalizado con la de verla realmente. Al mismo tiempo, al representar a un *jongleur* que dejó de lado su profesión y se convirtió, el sermón exaltó la devoción religiosa por encima de otras actividades" (Ziolkowski, 2006).

Ilustración de un manuscrito francés del siglo XIII que narra la historia del "malabarista de Notre-Dame". Adaptado de PBS Learning Media: The Juggler of Notre Dame, sin fecha. https://www.pbslearningmedia.org/resource/xir169192fre/ms-3516-f127-the-juggler-of-notre-dame-xir169192-fre/#.W23IotUza6I

Además, "Le jongleur de Notre-Dame" ponía de manifiesto que un laico podía superar a un miembro del clero, consiguiendo la salvación aunque fuera analfabeto y desconocedor del latín, expresando su devoción a través de cualquier medio que tuviera a su alcance. En el siglo XIII, esta afirmación era particularmente profunda (Ziolkowski, 2006).[61] Aunque en esta época existían historias similares sobre miembros de la clase baja que se unían al clero, la historia de "Le jongleur de Notre-Dame" es única en el sentido de que el intérprete renuncia a su vida pecaminosa, pero continúa usando sus habilidades para alabar a Dios (Bretel, 2004).

A pesar de su aparente voluntad de describir públicamente las actuaciones de los malabaristas, el sacerdocio estaba decidido: los malabaristas eran el enemigo de una sociedad devota. Bernardo de Claraval, un abad francés del siglo XII, expuso su postura de manera sucinta en un sermón: "El hombre que guste de los malabaristas pronto tendrá una esposa de nombre Pobreza. Si usted se ve expuesto a los trucos de los malabaristas, procure evitarlos y piense en otras cosas. *Los trucos de los malabaristas nunca complacen a Dios*" (LaCroix, 2013).

---

61   A pesar de su popularidad en la Edad Media, esta historia quedó completamente en el olvido hasta que en 1873 se descubrió un manuscrito y se publicó su transcripción en francés antiguo. Esta narración cautivó al escritor Anatole France, quien publicó una modernización del cuento en 1890 y lo incluyó en una colección de sus cuentos de 1892 llamada *L'Étui du nacre* (*El estuche de nácar*). Esta colección se vendió muy bien y se tradujo poco después al inglés y al alemán (Ziolkowski, 2006). Jules Massenet la adaptó en una ópera en 1902 y aún hoy se puede ver en los escenarios de todo el mundo.

En la adaptación francesa, Barnaby no muere de miedo, sino que los sacerdotes le rinden homenaje y declaran "*Heureux les simples, car ils verront Dieu!*" ["*¡Bienaventurados los humildes, porque ellos verán a Dios!*"] mientras besan el suelo y alaban el milagro de la Virgen María (France, 1899). Este cambio de actitud del clero hacia el joven malabarista, y el hecho de que el malabarista no muriera de miedo por haber sido descubierto, podrían interpretarse como que los malabaristas no estaban tan mal vistos hacia finales del siglo XX en Francia.

El Pacífico Sur

LAS MUJERES DE LA isla de Tonga, en el Pacífico Sur, a unos 1600 km al noreste de Nueva Zelanda, también tienen tradición en el malabarismo. El primer registro sobre estas mujeres lo escribió Johann Reinhold Forster, el famoso naturalista polaco que viajó con el capitán James Cook en su segundo viaje alrededor del mundo por una ruta meridional:

> Una niña de 10 o 12 años captó nuestra atención, parada entre la multitud en la playa. Su rostro alargado tenía los rasgos más bellos, y toda su expresión tenía un encanto indescriptible. Sus ojos brillantes y alegres parecían pura vida. Su largo cabello caía en rizos naturales y estaba adornado con perfumadas flores. De toda su postura, brillaban su alma, su libertad y su gracia. Tenía cinco frutas en forma de pelota que continuamente lanzaba a lo alto y cachaba con una habilidad y rapidez admirables (Morris, 2009).

Chicas de Vava'u dando un espectáculo en la isla de Tonga. De "Vava'u Girls", Malaspina, 1793.

Chicas polinesias haciendo malabares en la isla de Tonga. "Jeunes polynésiennes jonglant", fotógrafo desconocido, 1895.

Lo que vio este explorador había estado ocurriendo en esas islas durante siglos. La niña estaba jugando *hiko*, un juego en el que se hacen malabares con nueces *kukui* (conocidas como "nueces de la India") en un patrón circular al que el malabarista moderno llamaría de lluvia: una mano las lanza y la otra las cacha y las pasa a la primera mano para volverlas a lanzar. Este patrón se ejecuta a menudo con la mano izquierda en la isla de Tonga; el *Diccionario de la lengua maorí* ofrece la siguiente descripción de un patrón de cinco pelotas: "se lanzan con la mano izquierda, se cachan con la derecha y se transfieren de nuevo a la izquierda, y así sucesivamente... manteniendo siempre cuatro pelotas en el aire a la vez" (Williams, 1957). Mientras se realiza este juego de malabarismo, las niñas cantan canciones conocidas como *hikohiko*, que son declamaciones de sus árboles genealógicos (Paringatai, 2005).

En Tonga existen mitos de dioses que, en cuevas y durante el día, hacen malabares con ojos humanos en lugar de pelotas (Leaverton, 2015). Se dice que la diosa del inframundo, Hikule'o, les arrebata los ojos a las personas que se acercan demasiado a sus dominios y los colecciona en un cuenco de madera. Las chicas del inframundo vienen entonces a su guarida, se sientan con ella, y juegan al *hiko* con los ojos mientras cantan canciones. Dado que estos espíritus salen del inframundo por la noche —cuando terminan de jugar *hiko*—, las mujeres tonganas solo juegan durante el día para no ofender a los espíritus (Cohen S., 1987).

El juego de *hiko* también era sagrado para el espíritu de Fehuluni, una deidad hermafrodita a la que se le atribuyen "fuertes deseos sexuales".

Nueces kukui, la pelota de malabares tradicional de Tonga. De "Hiko, the Tongan Art of Juggling", por C. Wach, 2007 http://haystack.co.uk/2007/01/21/hiko-the-tongan-art-of-juggling/

Las mujeres de Vava'u creían que Fehuluni vivía bajo tierra, con las chicas que hacían malabares con los ojos de los que ofendían a Hikule'o (Collocott, 1925).

La antropóloga Avigail Morris, que dedicó un tiempo considerable a estudiar los roles de género en la sociedad tradicional de Tonga, afirma que el *hiko* ejemplifica el ideal femenino en ese país y que "los movimientos y gestos utilizados en el juego hacen resaltar la belleza y la gracia en las mujeres de todas las edades, en particular, los movimientos flexibles y gráciles de las muñecas". Morris explica que los orígenes místicos del *hiko* lo alinean con "los conceptos

Talla en un diente de ballena de Hikule'o, diosa del inframundo, y presunta inventora de los malabares. De "'Blue Continent' Embraced, Explored at Honolulu's Bishop Museum", por J. Cooper, 2013 https://www.sfgate.com/hawaii/alohafriday/article/Blue-continent-embraced-explored-at-4809972.php#photo-5177962

tradicionales de belleza y sexualidad" y permiten a una chica "mostrar lo femenina que puede ser" (Morris, 2009).[62]

Otras culturas polinesias tienen juegos similares. En el norte de las Islas Cook, los pukapukanos juegan *tilitili koua* mientras lanzan y cachan en lluvia hasta cuatro cocos inmaduros mientras cantan. En las islas del sur, los habitantes juegan *pe'i* con siete u ocho nueces de la India, semillas de tamanu y naranjas. En Tuamotu, los isleños juegan *pe'i* con cinco o seis pelotas que lanzan con la mano derecha mientras están sentados. Estas pelotas están hechas con tiras de hojas de coco trenzadas. También en Mangareva se juega *pe'i*. Con la misma nuez de *kukui*, las mujeres de Mangareva compiten entre sí en los festivales: la mujer que más tiempo consigue hacer malabares con las nueces gana un premio que le entrega el jefe. Históricamente, este juego se realizaba en las ceremonias prenatales de las princesas y como entretenimiento en las ceremonias funerarias. En las islas Marquesas, Tahití y Nueva Zelanda se practican juegos similares (Paringatai, 2005).

Muchas de estas sociedades cuentan la historia de Ina, una diosa que descendió de los cielos para enseñar juegos a los hombres "como hacer malabares con *tiporo* (un tipo de cítrico), etc., y enseñó a trenzar tapetes, a tejer redes y a golpear la tela *tapa*" (Tairi, Savage, More-Taunga-o-tetini y Terei, 1915). Cuando Ina vino a la Tierra, trajo consigo una anguila llamada *Koriro*. Más tarde, el dios Maui capturó a esta anguila y la envió a los cielos, creando así la Vía Láctea.

Un estudio etnográfico de 1926 de la Polinesia y la Micronesia describe juguetes y juegos infantiles de Hawái y Nueva Zelanda. La mayoría de estos pasatiempos entrañaban la manipulación hábil de objetos de algún tipo, como trompos, muñecos, aros y otros juegos de habilidad. Se utilizaban como recreación y también como parte de la

---

62   Los aficionados al circo moderno también pueden apreciar a estas mujeres tonganas. Morris informa que estas mujeres hacían malabares con entre tres y 10 ejemplares de estos frutos a la vez (Polster, 2006). Diez pelotas en círculo es una hazaña increíble, ¡superando incluso a los más talentosos de nuestros malabaristas modernos!

ceremonia de duelo tras una derrota en la batalla, y el autor declara que "los malabares eran universales" (Linton, 1926).

Aunque algunos de estos mitos sobre los orígenes del *hiko*, *pe'i* y otros juegos malabares se contradicen, sabemos que la gente de la Polinesia ha estado lanzando y cachando objetos alegremente como forma de ritual y juego durante siglos.

"Nouvelle Zelande, 1835 - Jeux et Danse de Jeunes Filles seins nues îles Tonga Gravure", de origen desconocido, de la colección personal del autor.

México

LOS MALABARISTAS TAMBIÉN APARECEN en la historia de los aztecas. Cuando Hernán Cortés llegó a México a principios del siglo XVI, se sorprendió al ver a la gente practicando *xocuahpatollin*, es decir, el antipodismo o, lo que es lo mismo, los malabares con los pies (Instituto Nacional de Antropología e Historia, 2008). Estos artistas del *xocuahpatollin* actuaban en ceremonias religiosas, rituales y celebraciones seculares. A Cortés le gustó tanto su espectáculo que se los llevó a Europa para que actuaran para el emperador Carlos V de España y I de Alemania, así como para el papa Clemente VII, cuando regresó de un viaje en 1532.[63]

Armando de María y Campos describió la actuación que vio en las cortes española y vaticana:

> *Un danzante acostado en tierra sobre la espalda levanta los pies y recibe sobre ellos una viga de madera, horizontalmente, y le imprime rápido movimiento rotatorio, y en un instante le deja horizontal; con frecuencia, otros danzantes quedaban a horcajadas en los extremos de la viga, y quien la sostenía repetía el movimiento giratorio y aquellos hombres no caían (Dokucirco.org, 2017).*

A estos artistas los habían encontrado en Tlaxcala, y los acompañaba un grupo de enanos (Cline, 1969).

---

63   Lo que deberán dilucidar otros investigadores es si la decisión de Cortés de traer a estos expertos del *xocuahpatollin* a Europa fue para compartir su alegría con su rey y el papa o simplemente para esclavizarlos. Por muy ingenuo que parezca, me inclino por la primera opción. Pero algunos estudiosos creen que Cortés sentía desdén por los aztecas, ya que escriben que para Cortés esas personas tenían un "estatus intermedio", que eran "curiosidades naturales" a las que redujeron "al papel de fabricantes de objetos, artesanos o malabaristas cuyas actuaciones se admiraban" (Bearden, 2013).

Se desconoce lo que les sucedió después de su breve gira por Europa. Parece que solo un puñado de ellos regresó a México con Cortés en su siguiente viaje. Howard Cline supone que algunos de estos artistas se unieron al séquito personal de Cortés, tal vez incluso actuando en la boda del conquistador, ya que los registros mencionan el entretenimiento realizado por nativos como parte de la celebración (Cline, 1969). En cualquier caso, a estos artistas los festejaron en Europa. Un historiador del siglo XVI, Paolo Giovo, incluso hace referencia a "dos ilustres malabaristas [mexicanos]" enviados al Vaticano para entretener al papa en su *Historiarum sui temporis*, una historia general de España y sus principales protagonistas. Dado el pequeño papel que estos artistas desempeñaron en la historia de España, su inclusión en la obra de Giovo es muestra de la calidad de su actuación (Castillo, 1945).

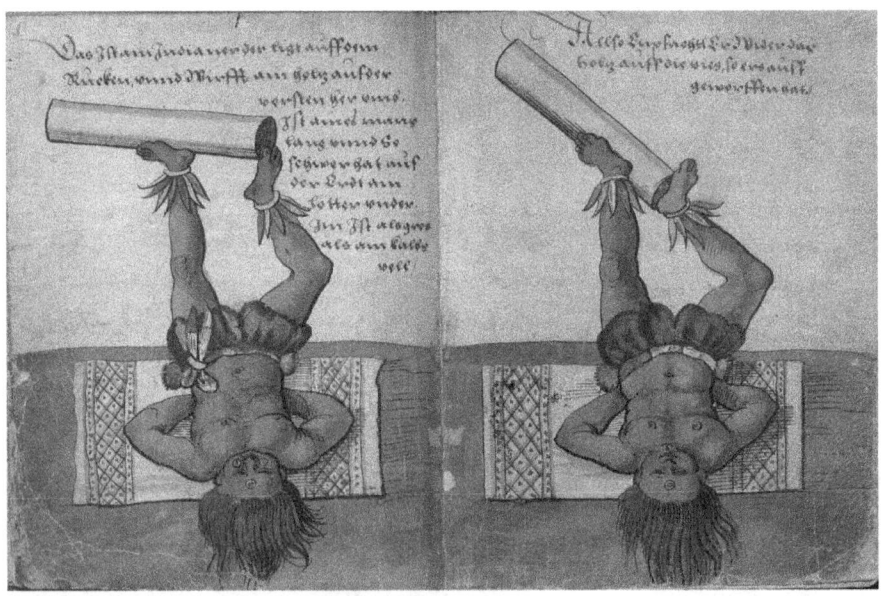

Antipodista azteca, dibujado por Weiditz en 1528. De "Hs 22474", Germanisches Nationalmuseum, Digitale Bibliothek, sin fecha. http://dlib.gnm.de/item/Hs22474/html

Fray Bernardino de Sahagún y fray Diego Durán, misioneros enviados a las tierras mayas y aztecas, registraron la vida cotidiana de sus anfitriones. Sahagún describió cómo se desempeñaban los malabaristas del *xocuahpatollin* frente a sus gobernantes aztecas:

Había bufones que les aportaban consuelo [a los gobernantes aztecas] y placer. Y [había] quienes hacían rodar un tronco sobre sus pies, lo cual complacía de muchas maneras. Sus acciones eran graciosas y maravillosas; porque con las plantas de sus pies un hombre [...] hacía bailar un tronco grueso y redondo con las plantas de los pies [mientras] estaba acostado boca arriba y lanzaba el tronco hacia arriba. Hacía esto solo con las plantas de los pies (Sahagún, 1979).

Durán señaló en su obra que los troncos con los que hacían malabares eran muy gruesos y de aproximadamente tres metros de largo (Durán, 1971).

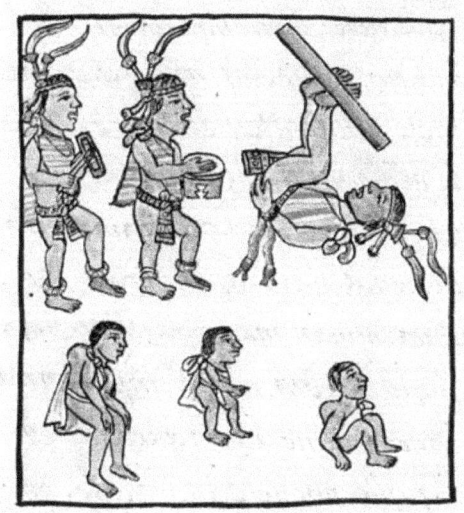

Malabarista de troncos en la corte real azteca. Del Códice florentino, libro 8: De los reyes y señores, *por F. B. de Sahagún, 1979, Salt Lake City: The School of American Research and the University of Utah.*

Otro cronista franciscano llamado Juan de Torquemada escribió sobre estos artistas del *xocuahpatollin* en un documento de alrededor del año 1610. Tras haber visto estas actuaciones en varias ocasiones, relata que "cada vez que las veía, me parecían algo nuevo y [digno de] gran admiración" (Cline, 1969).

El académico Kay A. Read describe el papel iconográfico de los malabaristas del *xocuahpatollin* en su artículo "The Fleeting Moment: Cosmonogy, Eschatology, and Ethics in Aztec Religion and Society"

["El momento fugaz: cosmogonía, escatología y ética en la religión y sociedad aztecas"]:

> *Los mitos nos dicen que los aztecas vivían en el "Quinto Sol" o el "Sol de Movimiento". Esta era del Quinto Sol, en cierto sentido, era como [la ilustración de Weidtz de un antipodista] —un acto de malabarismo [...], el movimiento parecía depender de un paradigma que involucraba el sacrificio humano y, si ese paradigma no se seguía, el universo podría desequilibrarse— el tronco podría caer [...] era por los actos morales de sacrificio humano que el tronco universal se mantenía esperanzadoramente en equilibrio, pero sería por el fracaso inmoral del sacrificio que la muerte del malabarista ocurriría (Read, 1986).*

La manipulación de troncos en Mesoamérica —y quizás otras formas de habilidad lanzando y cachando— evolucionó a partir de antiguas formas de danza, canto y representación teatral que eran centrales en las ceremonias que honraban a los dioses.[64] Al parecer, los malabaristas del *xocuahpatollin* a menudo actuaban en ceremonias junto con acróbatas y prestidigitadores. Los mitos y leyendas aztecas se ponían en escena, y más tarde vino lo que el mundo occidental podría llamar "drama serio", relacionado con temas de la sociedad contemporánea. Esta evolución del ritual "primitivo" a una práctica teatral más estandarizada se ha podido observar en la historia de muchas otras culturas en todo el mundo, aunque la cronología exacta de este desarrollo en Mesoamérica no es del todo clara (Morgan y Brask, 1988).

---

64 Las antiguas raíces de este espectáculo en particular se entrelazan con las teorías de E. T. Kirby. En su artículo "The Shamanistic Origins" ["Los orígenes chamánicos"] sugiere que muchas disciplinas circenses probablemente comenzaron como rituales "directamente asociados con ritos de exorcismo y curación de enfermedades" y han persistido hasta hoy, ya que estas disciplinas artísticas "desafían la realidad al [retratar] lo surrealista como virtualidad. Como fragmentos del arcaico y chamánico *ur-drama*, estos diversos actos permanecen, cada uno en su propia forma, elementos de lo 'maravilloso', de lo surrealista, que se ha perpetuado en el entretenimiento popular" (Kirby, 1974). ¿El malabarismo tiene un origen chamánico? Kirby parece creer que es así, pero su servidor no se siente calificado para hacer tal declaración. En cualquier caso, entender que los actos circenses pueden evocar lo sobrenatural en el público subraya tal afirmación.

Existen algunos relatos de primera mano sobre actuaciones de malabaristas prehispánicos,[65] pero las versiones más accesibles se encuentran en fuentes secundarias. Hubert H. Bancroft, historiador del siglo XVIII,[66] describe un banquete ofrecido por Moctezuma, gobernante del Imperio azteca desde 1502 hasta 1520 d. C. Después de lavarse las manos en un tazón ceremonial, el rey azteca devora un pan fino hecho de huevo y harina de maíz.[67] "Durante la comida el monarca se divertía viendo las actuaciones de sus malabaristas y acróbatas, […] maravillosas manifestaciones de fuerza y destreza; […] en otras ocasiones hubo baile acompañado de canto y música". Los bailarines (y, podríamos suponer, también los malabaristas y los acróbatas) eran todos "hombres de calidad, vestidos tan ricamente como podían, con mantos costosos, blancos, rojos, verdes, amarillos y algunos de varios colores". A estos artistas se les permitía comer en el banquete, ya que, como menciona Bancroft, "siempre había en las cenas enanos, jorobados y otras personas

---

65   Cabe destacar que los viajeros que estudiaron esta nueva cultura parecen haberse centrado principalmente en sus clases altas, por lo que estos escritos no nos dan una imagen completa de los espectáculos de los que disfrutaba el pueblo en general (Read, 1986).

66   Bancroft fue un prolífico escritor e historiador, pues publicó casi 40 obras sobre la historia y los pueblos de Norteamérica. Sin embargo, debemos interpretar estos relatos con cierto escepticismo, ya que nació 300 años después de que tuvieran lugar estos banquetes. La obra de Bancroft se considera "generalmente precisa y una fuente valiosa para entender la historia del Lejano Oeste", pero se ve empañado por "la falta de una cuidadosa erudición y edición" (Enciclopedia Británica, 2018).
  Aunque Bancroft no cita la fuente de esta información, parece basarse en gran medida en el relato que hizo el conquistador español Bernal Díaz del mismo banquete. Sin embargo, Díaz no se refiere en su relato a los "malabaristas", sino a los jorobados y albardanes (Carrasco, 2009). Estos términos, como se tratará en una sección posterior, no excluyen la práctica de lanzar y cachar.

67   Los lectores ocasionales pueden asumir que Moctezuma era un comensal tímido, ya que mientras disfrutaba de su pan "se colocaba frente a él una pantalla de madera, tallada y dorada, para que nadie lo viera mientras comía" (Morgan L. H., 1876), mientras se sentaba a comer solo a la mesa sobre un pequeño cojín. Esto parece haber sido una manera de distanciar al monarca deificado de sus súbditos, y así resaltar su estatus como deidad.

deformes, que hacían reír y comían las sobras en un rincón de la sala, con los bufones y albardanes". Aparte de la música y las risas, estas cenas se desarrollaban en silencio; solo se les permitía hablar a los bufones. Después del espectáculo, Moctezuma fumaba un poco de tabaco y se dormía en la mesa del banquete (Morgan L. H., 1876).

Moctezuma sentado en su trono. Del Códice florentino, libro 8: De los reyes y señores, *por F. B. de Sahagún, 1979, Salt Lake City: The School of American Research and the University of Utah.*

Nota sobre el "malabarista de origen tolteca"

Esta imagen de "un malabarista de origen tolteca" me acosa desde el principio del capítulo sobre los malabaristas mexicanos prehispánicos. La ilustración está por todas partes, desde plumillas de guitarra hasta joyas y tatuajes. Y sin embargo… no he conseguido encontrarla citada en ninguna obra académica. La única referencia a la ilustración que tiene algo de credibilidad estaba en el sitio web del "Juggling Information Service" ["Servicio de Información sobre el Malabarismo"], lo cual sugería cierta conexión con el Festival de Malabarismo de Portland, EE. UU., en la década de 1990.

Cuando le escribí a mi amigo Rhys Thomas, un malabarista y educador increíble de Portland, le pregunté qué sabía de esa imagen. Esta fue su respuesta:

> *La fuente original era un libro de diseños mesoamericanos. Puede que todavía tenga una copia… se llamaba "el malabarista con aretes". Le agregué un tercer arete y lo usamos para el PJF (Portland Juggling Festival, Festival de Malabarismo de Portland), pero luego lo copiaron otros festivales [de malabarismo]. Una vez incluso lo vi en una cortina de baño que vendían.*

Esta es una anécdota divertida, no solo porque esta ilustración se ha hecho pasar por un ejemplo legítimo de los malabares en el México prehispánico, sino también porque el padre de Rhys Thomas, Bob Thomas, fue el diseñador de los famosos logotipos del oso bailarín y la calavera de los Grateful Dead. De tal palo, tal astilla: ambos han visto sus ilustraciones tatuadas en personas por todo el planeta.

118 | Juggling: From Antiquity to the Middle Ages

Juggler of Toltec Origin
Pre-Hispanic Mexico, circa 950 A.D.

Malabarista de origen (supuesiamenie) iolteca. De "Drawings, Artwork, Logos", por B. Bakalor, 1996. http://www.juggling.org/pics/artwork.html

Los Vikingos

LAS HABILIDADES RELACIONADAS CON lanzar y cachar también aparecen brevemente en la mitología vikinga. En la obra medieval islandesa la *Edda prosaica*, que se compiló en algún momento del siglo XIII, aparece un hombre llamado Gangleri "en la puerta, haciendo malabarismos con cuchillos, de los cuales tenía siete en el aire a la vez" (Sturluson, 1954).

El rey Olaf y su reina discuten sobre el cristianismo en este grabado de 1899. De "The Sagas of Olaf Tryggvason", Project Gutenberg, 2007 https://www.gutenberg.org/files/22093/22093-h/22093-h.htm#olaf

El célebre rey vikingo de Noruega Olaf Tryggvason, que vivió entre los años 960 y 1000 de nuestra era, fue también un hábil deportista y malabarista. Además de poder caminar por fuera de un barco, sobre los remos, mientras sus marineros remaban, también podía arrojar lanzas con ambas manos al mismo tiempo y se le consideraba un consumado malabarista con cuchillos (Magill y Aves, 1998).

En el poema "La saga de Olaf Tryggvason", escrito alrededor del año 1190, el narrador describe las habilidades deportivas de Olaf y cómo las utiliza para difundir el cristianismo. Un verso describe las habilidades del rey manipulando cuchillos en el aire: "lo agarraba todo por la empuñadura, la espada corta y [otras espadas], aunque tres [estaban] en alto; la gente a menudo alababa al generoso príncipe" (Heslop, 2012).[68] El rey vikingo, según algunos estudiosos, era conocido por "hacer malabarismos con cinco dagas a la vez sin cortarse" (Bennett, 2016).

Tryggvason también usó sus habilidades como malabarista para convertir a los incrédulos al cristianismo. En una historia, el rey vence a un hombre llamado Eindridi en tres competencias, en las que la proeza final es hacer malabarismo con cuchillos. El vencido acepta convertirse en cristiano a petición de Tryggvason (Andersson y Gade, 1991).

---

68   Este poema ha sido recuperado a partir de algunos fragmentos, aunque se ha perdido un pedazo de la estrofa que culminaba en este verso. Sin embargo, los estudiosos están convencidos de que este texto se refiere al rey vikingo cuando hacía malabares: un *íþrótt*, o "habilidad especial, logro", refiriéndose aquí a su increíble habilidad para lanzar y cachar objetos (Heslop, 2012).

Culturas indígenas y nómadas

CURIOSAMENTE, PARECE QUE VARIAS culturas inuit y nativas norteamericanas también se entretenían haciendo malabares. Stewart Culin, en el capítulo "Ball Juggling" ["Malabarismo con pelotas"] de su libro de 1907 *Games of the North American Indians* [*Juegos de los indios norteamericanos*], menciona brevemente diferentes tribus y sus juegos de pelota, compilados a partir de sus propias investigaciones y de varios estudios etnográficos del periodo 1891-1901.

Los naskapis, de Labrador, "lanzan piedras o pedazos de madera al aire y se esfuerzan por mantener al menos dos en el aire a la vez, [...] una fuente general de diversión entre los inuit [sic]; sospecho que los indios la tomaron de ahí".

Los nativos de Franklin jugaban "un tercer juego de pelota, llamado *igdlukitaqtung*, con pequeñas pelotas lanzadas alternativamente de derecha a izquierda, con una siempre en el aire".

En Groenlandia, los adlets "también hacen malabares, algunos hasta con cinco piedras a la vez".

En los Estados Unidos, los shoshonis de Wyoming hacían el "*na-wa-ta-pi ta-na-wa-ta-pi*, que significa *lanzar con la mano*. El número habitual de pelotas utilizadas es de tres, aunque pueden utilizarse dos o cuatro.

Pelotas de yeso que usaban los shoshonis para hacer malabares. De Games of the North American Indians, *por S. Culin, 1907, AMS Press.*

El objetivo es mantener una o más pelotas en el aire, según el total de pelotas utilizadas, pasándolas de una mano a la otra, y viceversa. [...] Los concursos de habilidad con estas pelotas los aprovechan las mujeres para apostar considerables sumas de dinero, algunas de gran importancia". Según Culin, todos los shoshonis creían que el juego lo inventaron y practicaron las mujeres, y que "antes de que llegara el hombre blanco a Wyoming, los concursos de apuestas entre las mujeres eran una de sus formas más comunes de juego". Las apuestas en este juego de malabares, relata Culin, "también tuvieron lugar en las culturas bannock, ute y palute" (Culin, 1907). Ronald Walker, de la Universidad Brigham Young, señala que cuando las mujeres shoshonis y palutes del sur de Utah hacían malabares con tres o más objetos, siempre lo hacían sentadas (Walker, 1992).

Parece que los niños zuñis de Nuevo México también jugaron un juego similar, "[con] dos, lanzándolas hacia arriba y manteniendo una en el aire. [...] El juego se llama *ha it-zu-lu-lu-na-wai*; la pelota, *hai-muk-kia-ma-wai*" (Culin, 1907).

Culin afirma que "no hay indicios de que [los malabares] se hayan aprendido de los blancos", lo cual sugiere que este arte surgió entre las poblaciones indígenas de Norteamérica a partir de sus propias experiencias, igual que en el resto del mundo (Culin, 1907).

Los inuits de Ulukhaktok (antes llamado Holman) practican un juego de lanzar y cachar conocido como

Inuit jugando ilukitatuk. De *"Inuit Juggling Game,"* University of Waterloo, 2010 http://healthy.uwaterloo.ca/museum/VirtualExhibits/Inuit/english/juggle.html

illukisaaq, ilukitatuk[69] o *illukitaq*, en el que intentan mantener tres objetos en el aire durante el mayor tiempo posible. El juego comienza con dos objetos y luego progresa a tres o cuatro. Los practicantes expertos intentan mantener los objetos en el aire con una sola mano. En los meses de verano se juega con piedras o huesos, mientras que en invierno se utilizan unas pelotas de malabares especiales hechas de piel de caribú cosida (Universidad de Waterloo, 2010).

Jim Kerr, del Instituto de Investigación Social y Económica de Anchorage, Alaska, recuerda haber visto una película de los esquimales netsilik haciendo malabares en la parte noreste de la provincia canadiense de Nunavut: "en el norte de Canadá [...] se ha filmado a un pueblo con relativamente poca influencia de la civilización occidental haciendo malabares con dos piedras en una mano. Los malabares parecen haber sido una parte intrínseca de la cultura de esta gente" (Kerr, 1984). Kerr también afirma que "los malabares eran solo para divertirse y lo hacían las chicas y mujeres jóvenes de los pueblos esquimales, mientras que los chicos y hombres solían estar ocupados aprendiendo y perfeccionando sus habilidades de caza". Quizás esta teoría también se podría aplicar a las mujeres malabaristas de Tonga, Egipto y otros lugares del mundo.

---

69   Curiosamente, la palabra *ilukitatuk* también parece ser el término utilizado para referirse a la versión inuit del balero, un juego de habilidad que implica una vara y un mazo, y que se practica en muchas culturas de todo el mundo (Universidad de Waterloo, 2010).

124 | Juggling: From Antiquity to the Middle Ages

Portada de Hocus Pocus Junior: The Anatomie of Legerdemain or The Art of Iugling Set Forth in his Proper Colours. *De Hocus Pocus Junior, The Library of Congress, sin fecha.* https://catalog.loc.gov/vwebv/search?searchCode=LCCN&searchArg=34010760&searchType=1&permalink=y

Entonces, ¿qué significa todo esto?

EL DESEO DE DOMINAR los límites de la gravedad a través de la destreza debe ser parte de la condición humana... pero sin el trabajo de los malabaristas del pasado, la práctica de lanzar y cachar no habría avanzado hasta el punto en el que se encuentra hoy en día: una cadena ininterrumpida de personas que lanzan y cachan desde tiempos antiguos hasta este preciso momento. Los malabaristas están muy por encima de los gigantes y, si está leyendo este libro, ¡usted también!

En su ponencia titulada "La evolución del arte circense en México", en el Museo Nacional de Antropología, el director de la Escuela de Artes Circenses de Puebla, Julio Revolledo Cárdenas,[70] lo expresó de manera sucinta:

> *[El circo] es el arte de maravillar, asombrar y sorprender; entre más angustia provoquen los actos [en su público], mayores resultados tendrá el espectáculo; es la lucha del ser humano consigo mismo, para demostrarse que puede trascender los supuestos límites de su condición natural (Instituto Nacional de Antropología e Historia, 2008).*

La práctica a la que llamamos *malabarismo* surgió en culturas de todo el mundo en la antigüedad, en lugares tan dispares que no se conocían entre sí, y mucho menos se comunicaban y compartían la idea de este maravilloso oficio. El malabarismo lo llevamos adentro todos nosotros.

---

70 Sobrino del gran malabarista mexicano Rudy Cárdenas (el Rastelli mexicano) y malabarista favorito de Richard Nixon (Giduz, 1995).

¿Qué es exactamente *juggling*? Notas sobre su etimología

"El malabarismo es no saber nunca lo que pasará después...

... y tratar de luchar contra la gravedad día a día. ¡Eso es todo! ¡Listo!"

Kris Kremo, leyenda suiza del malabarismo

LA PALABRA INGLESA *JUGGLING* viene de la palabra latina *ioculare*, que significa "bromear". Este término apareció escrito por primera vez en inglés medio en 1377, cuando William Langland escribió su poema *Piers Plowman*: "I can noither... iape ne iogly" (o, en inglés moderno, "I can neither jape nor juggle", que podríamos traducir por "No puedo ni bromear ni hacer malabares") (*Oxford English Dictionary*).

El sustantivo colectivo para designar a los malabaristas apareció unos años más tarde, en 1486: "a neuer-thriuyng of Iogoleris" (o en inglés moderno, "a neverthriving of jugglers", es decir, "un sinfín de malabaristas") (*Oxford English Dictionary*).[71]

---

71   El etimólogo y lingüista Paul Anthony Jones señala que la palabra *neverthriving* apareció por primera vez en un glosario en inglés medio, que con el tiempo se convirtió en una colección medieval de cultura y vocabulario contemporáneos extremadamente popular llamada *The Book of Saint Albans*, publicada a finales del siglo XV. Este libro ayudó a establecer una serie de términos aparentemente satíricos y frívolos como "a drunkship of cobblers" ("un grupo de zapateros", aunque "drunkship" también significa "borrachera"), junto con expresiones asentadas ya en el inglés moderno como "a pride of lions" ("una manada de leones", aunque "pride" también significa "orgullo") y "a murder of crows" ("una parvada de cuervos", aunque "murder" también significa "asesinato"). Jones sugiere que la palabra "neverthriving" se usó para agregar algo

ꝼ iape ne iogly

"iape ne iogly", *primer uso documentado de "juggle" en inglés. Adaptado de* fol. 52v (cont.), *Piers Plowman Electronic Archive, 2004. http://piers.chass.ncsu.edu/texts/L/13?view=all*

a Nevthriuyng of Jogoleris

"a Nevthrivyng of Jogoleries", *primer uso documentado de nuestro nombre colectivo, que aparece en el documento del siglo XV titulado* Boke of Saint Albans. *Adaptado de* The Boke of Saint Albans, *ed. W. Blades (1881).*

En aquellos días, hacer malabarismo (*iogly*) significaba "divertir o entretener a la gente con bromas, bufonadas, trucos, etc." (*Oxford English Dictionary*), un ámbito semántico mucho más amplio que el que se le otorga hoy en día, centrado simplemente en el valor de entretenimiento. El término *iogly* también tenía la connotación de ilusión y engaño —y se usaba con frecuencia indistintamente para referirse a la magia o a la prestidigitación[72]—, ya que los artistas cuyas rutinas incluían lanzar y cachar con destreza también realizaban trucos de magia y practicaban el ilusionismo. Esta definición temprana da más importancia al entretenimiento que a la habilidad y tiene la connotación negativa subyacente del engaño, algo que presumiblemente puede remontarse a

---

de sátira, lo cual refleja la percepción negativa que la gente de la época tenía de los malabaristas, y que "quienquiera que haya inventado este término consideró que ser malabarista probablemente no aporta seguridad financiera" (Jones P. A., 2017).

72 "Lightness of hand", "ligereza de las manos": término relacionado con los trucos de magia y de prestidigitación que se basan en movimientos sutiles con las manos (*Oxford English Dictionary*).

la percepción que se tenía del *jongleur* en la Europa de la temprana Edad Media, como se expuso anteriormente.

Mientras el término *iogly* fue convirtiéndose con el paso del tiempo en *juggle*, las connotaciones que tenía siguieron siendo más o menos las mismas. No fue hasta finales del siglo XIX que la palabra *juggle* perdió sus connotaciones mágicas y su énfasis en el entretenimiento, y se convirtió en una palabra directa e inequívocamente relacionada con una *habilidad adquirida a través de la práctica*.

La lección que podemos aprender es que la palabra *juggling* surgió a principios de la Edad Media y normalmente significaba "entretenimiento". El significado evolucionó más tarde para representar una actividad específica que servía para entretener: lanzar y cachar objetos con habilidad. Pero eso plantea la siguiente pregunta: ¿cuándo ocurrió esta ruptura?

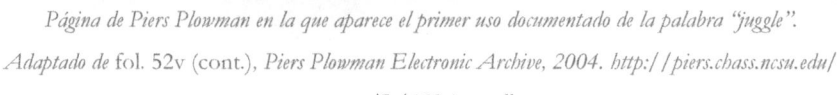

Página de Piers Plowman en la que aparece el primer uso documentado de la palabra "juggle".

Adaptado de fol. 52v (cont.), *Piers Plowman Electronic Archive*, 2004. http://piers.chass.ncsu.edu/texts/L/13?view=all

Auge del Malabarismo tal como lo Conocemos

Cartel promocional del circo Ringling Brothers and Barnum & Bailey que anuncia a la leyenda del malabarismo Francis Brunn a finales de la década de 1940. Imagen de la colección personal del autor.

EL *OXFORD ENGLISH DICTIONARY*, la autoridad descriptiva *de facto* de la lengua inglesa, nos dice que el primer ejemplo del término *juggling* usado para hablar explícitamente de la habilidad de lanzar y cachar varios objetos de forma repetida —sin que haya truco, magia ni engaño de por medio[73]— fue en el volumen 13 de la revista The Strand Magazine, publicado en 1897[74] (Oxford English Dictionary).[75]

Este número contenía un artículo sobre el gran malabarista Paul Cinquevalli en el que había una extensa descripción de sus rutinas:

---

[73] Sin embargo, esto no quiere decir que la idea de hacer malabares como algo separado de otras disciplinas artísticas no se haya planteado antes en la sociedad anglosajona. Los editores del *Oxford English Dictionary* simplemente afirman en su artículo que ese fue el primer uso conocido de esta palabra con un significado estricto de "meras habilidades". Hay otros textos que coquetean con la idea de establecer esa diferencia —algunos incluso de forma muy clara—, pero no cumplen con los estrictos criterios por los que se rigen los editores del *Oxford English Dictionary*. Un ejemplo de ello es un número de 1893 de *All The Year Round*, una famosa revista literaria editada por Charles Dickens. En su artículo titulado "Jugglers" ["Malabaristas"], el autor afirma que "se podría hacer una verdadera distinción entre [malabarismo] y prestidigitación. Propiamente hablando, un malabarista hace lo que parece difícil sin pretender ocultar su técnica, mientras que un prestidigitador hace lo que parece imposible sin revelar sus trucos. En el primer caso, solo se requiere un alto nivel de destreza, mientras que en el segundo, los artilugios y aparatos mecánicos son casi indispensables" (Dickens, 1893).

[74] En la revista *The Strand Magazine*, volumen 14, página 95, publicada en 1897, FitzGerald escribe sobre el malabarista birmano Moung Toon en un extenso artículo sobre las atracciones de los espectáculos secundarios (*Oxford English Dictionary*). En un fragmento se lee lo siguiente: "Parece que los birmanos nacen malabaristas; hacen malabares con todo, incluso con sus finanzas y su policía" (FitzGerald, "Side-Shows", 1897).

Según el *Oxford English Dictionary*, este artículo sobre Moung Toon fue el primer caso en que los malabares se utilizaron metafóricamente, transfiriendo la idea de lanzar cosas al aire con habilidad a manejar aspectos cotidianos diestramente. Lo verdaderamente fascinante es que este uso figurado del término *juggling* lo introduce este mismo autor en el corpus del inglés en esa misma revista, en el número que se publicó justo después de haberse registrado por primera vez la palabra *juggling* con el sentido exclusivo de "arte de lanzar y cachar objetos con habilidad".

[75] Un artículo publicado por el Gobierno de la ciudad de Londres afirma que el ensayo de Hazlitt de 1928 titulado *The Indian Jugglers [Los malabaristas indios]* demuestra el cambio de la prestidigitación a la manipulación hábil (City of London, 2015). Esto me parece imprudente, ya que Hazlitt describe el espectáculo de los tragasables como una forma de malabarismo, lo cual demuestra que no ha delimitado claramente las disciplinas (y eso que este ensayo salió décadas después de ese artículo de la revista *The Strand Magazine*) (Hazlitt, 1828).

A continuación podemos presenciar una asombrosa hazaña de rapidez y destreza. Cinquevalli tiene en la mano izquierda una cerbatana, en la que se aloja un pequeño dardo, mientras que en la derecha hace malabares con un cuchillo pesado, un tenedor y un nabo. En un momento determinado lanza al aire el tenedor, seguido del nabo. Un instante antes de que el nabo que asciende se encuentre con las puntas del tenedor, que ya desciende, sopla la cerbatana y el dardo se incrusta en el nabo. Un momento después, los tres objetos juntos caen sobre el filo del cuchillo, y el malabarista reclama su aplauso (FitzGerald, "The Greatest Juggler in the World", 1897).

Cinquevalli y su truco de equilibrio con una bola de billar. De "Cinquevalli: an Illustrated Interview", 1901, por The Playgoer.

No es coincidencia que la primera vez que *juggling* se usa de esta forma, despojada de otros significados y refiriéndose únicamente a la habilidad, sea hablando de Cinquevalli, tal como explica Erik Åberg, historiador del malabarismo y experto en Cinquevalli: "afirmó que no usaba [accesorios para trucos] y específicamente señaló que eso lo diferenciaba de la magia; [...] la distinción entre el malabarismo y la magia es clara después de Cinquevalli, pero no antes" (Åberg, 2017).

Aunque Cinquevalli no es un nombre muy conocido hoy en día, fue uno de los artistas escénicos más famosos del mundo a finales del XIX y principios del XX, y el favorito de los medios de comunicación impresos de la época. Viajó por todo el mundo, desde Londres hasta Australia, e incluso hizo una actuación por encargo para la reina de Inglaterra, para la cual fue recibido con tres millones de rosas blancas (Wall, 2013). Era tan famoso que la noticia de su muerte en Londres en 1918 la cubrieron periódicos de todo el mundo —en lugares tan lejanos como Nueva Zelanda— a la mañana siguiente. Decir que Cinquevalli era muy querido sería poco.[76]

Aviso sobre la muerte de Cinquevalli en un importante periódico de Nueva Zelanda. Adaptado de The Dominion, *18 de julio de 1918, vol. 11, n.º 257, Wellington, Nueva Zelanda. Parte de la colección de Erik Åberg.*

Los escépticos a menudo lo acusaban de hacer trampa en sus rutinas, de usar trucos que hacían que sus imposibles hazañas fueran sencillas. Durante una actuación en el punto álgido de su carrera, el príncipe de Gales interrumpió la rutina de Cinquevalli e inspeccionó sus bolas y tacos de billar para comprobar si eran falsos. El príncipe descubrió que toda la utilería era auténtica, y la reputación de Cinquevalli se volvió aún mejor (Smithsonian.com, 2017).

Cinquevalli fue una estrella en los medios de comunicación y las historias sobre él eran una constante en muchas revistas. En sus entrevistas con la prensa, Cinquevalli habló a menudo de la disciplina necesaria para dominar el oficio como un verdadero maestro:

> *Me llevó ocho años aprender a equilibrar un par de bolas de billar en un taco, y he pasado meses, a veces años, aprendiendo a realizar otros trucos de mi repertorio… Hay*

---

76   Cinquevalli fue famoso en Nueva Zelanda y Australia. Una reseña de su segundo viaje por aquel continente en 1924 afirmaba que "hemos presenciado una lección objetiva de malabarismo. [Cinquevalli] fue recibido con entusiasmo en todas partes y recibió una ovación en Sídney" (Herrmann, 1924).

que entrenar el ojo para reaccionar con gran rapidez. Pruebe un ejercicio tan sencillo como hacer malabares con un par de pelotas de tenis y verá que, de vez en cuando, por muy fácil que sea ese ejercicio, se le caerá una pelota... La pelota nunca espera, siempre caerá precisamente a la misma velocidad y de la misma manera. Cuando se ha entrenado el ojo para reaccionar con una rapidez invariable, nunca se perderá la oportunidad de atrapar la pelota.

La práctica continua es esencial, incluso para el malabarista más consumado. Si me tomara un mes de vacaciones y no realizara algunos trucos durante ese periodo, probablemente tendría que practicar durante un año antes de poder volver a actuar en público. De hecho, practico todos los días durante tres horas como mínimo (Cinquevalli, How to Succeed as a Juggler *[Cómo triunfar como malabarista], 1909).*

A finales del siglo XIX y principios del XX, el uso de la palabra *juggling* cobró nueva vida, y empezó a designar la habilidad de lanzar y cachar adquirida con la práctica; así se liberó de esas connotaciones pasadas de magia y engaño que tanto habían prevalecido en su uso anterior.[77]

Anuncio de Paul Cinquevalli. De Cassell's Magazine, vol. 47, n.º 4, marzo de 1909.

---

77   Esta afirmación fue reforzada en el libro de 1978 que llevaba por título *Geschichte des Varietés* [*Historia del teatro de variedades*]: "Los malabares, que son al menos tan antiguos como las acrobacias, no llegaron a desarrollarse como categoría propia e independiente [del teatro de variedades] hasta la década de 1880" (Winkler, 1978).

⁷⁸ Cinquevalli fue tan famoso que su nombre se usó en inglés durante décadas después de su muerte para referirse a cualquiera que hiciera su trabajo con increíble habilidad, talento e ingenio. Una búsqueda en cualquier archivo periodístico arrojará frases como "the Cinquevalli of the football field" ("el Cinquevalli del campo de fútbol"), "the Cinquevalli of finance" ("el Cinquevalli de las finanzas") o "the Cinquevalli of verse" ("el Cinquevalli del verso") en artículos incluso de años tan recientes como 1967.

Es necesario precisar, sin embargo, que aunque la palabra *juggling* se usara por primera vez para referirse a la habilidad explícita adquirida a través de la práctica, ese cambio en su uso no fue tan limpio. El artículo de 1897 de la revista *The Strand Magazine* y la relevancia de su uso de la palabra "malabarismo" es un descubrimiento relativamente reciente. El cambio en los usos de las palabras en la sociedad es lento, como se evidencia en la entrada del verbo *to juggle* que aparece en la edición de 1919 del *Concise Oxford English Dictionary*. Los autores de este volumen ni siquiera mencionan los verbos lanzar y cachar, y de hecho lo que definen es el truco y el engaño (Kalvan y Lewbel, 2018).

Sin embargo, "Le jongleur de Notre-Dame", la historia del siglo XIII que fue redescubierta y adaptada para el lector francés moderno en la década de 1890,⁷⁹ sirve como prueba de que esta diferenciación en el significado ocurrió alrededor del cambio de siglo en otras culturas lingüísticas. La primera versión de la historia cuenta cómo Barnaby hacía marometas y otras acrobacias, además de trucos de prestidigitación y

---

78   El gran malabarista Massimiliano Truzzi nos recuerda en su artículo de 1974 titulado "Towards a History of Juggling" ["Hacia una historia del malabarismo"] que "la prestidigitación se diferencia del malabarismo en que el malabarista exhibe abiertamente su habilidad, sin intentar camuflar su destreza manual, mientras que el prestidigitador a menudo enmascara su destreza para producir resultados asombrosos" (Truzzi y Truzzi, 1974).

79   Hay más información sobre esta historia en la sección de este libro titulada "Posición social del malabarista en Europa".

malabares. Cuando Anatole France publicó su versión de la historia a finales de la década de 1890, Barnaby hacía malabares con seis pelotas de cobre o con 12 cuchillos y se paraba de manos (France, 1899), tomando la palabra *jongleur* del texto original y dándole su significado contemporáneo.

A un estudiante de Ramo Sanee, el famoso *jaduwallah* indio que alcanzó la fama en los primeros años de la Inglaterra victoriana, se le citó diciendo: "Soy un malabarista [...], pero no sé si ese es el término correcto, ya que algunas personas llaman malabaristas a los prestidigitadores; aunque eso no es correcto [...], pues yo distingo entre los prestidigitadores y los malabaristas: los primeros engañan a la vista y el otro la alegran... sí, eso es, se trata de destreza" (Banerjee, 2011). Aunque en el pasado se había coqueteado con esta distinción entre el malabarismo (*juggling*) y la prestidigitación (*conjuring*), no se arraigó en el inglés hasta que apareció Cinquevalli con su destacado dominio de la manipulación de objetos físicos, por no mencionar su dominio de la prensa. Se hizo famoso por sus rutinas, que llevaron a muchos otros artistas a imitar su estilo, popularizando aún más la manipulación de objetos basada en la habilidad sin trucos. Así fue como los malabares se convirtieron en tradición. Aunque hay una clara evidencia de las antiguas raíces del malabarismo, no fue hasta esta época que el lanzar y cachar se convirtiera en una disciplina fundamental para los artistas (Åberg, 2018).

Y así, a principios del siglo XX, varios artistas de variedades y de circo comenzaron a especializarse

Enrico Rastelli, leyenda italiana del malabarismo que vivió de 1896 a 1931. Fue el primer malabarista famoso después de Cinquevalli. De Atlantic-Photo-Co., Berlín (sin fecha). De la colección personal del autor.

en lo que ahora llamamos malabarismo (*juggling*). Desarrollaron su carrera profesional en la disciplina de lanzar, cachar y hacer equilibrios bajo el estandarte que alguna vez incluyera a adiestradores de animales, magos e ilusionistas. Hoy en día, prácticamente todos los circos incluyen un espectáculo de malabarismo, y los malabaristas que se centran únicamente en la disciplina de lanzar y cachar objetos actúan en cabarés, festivales y teatros de todo el mundo.

Fotografía de la primera convención de la IJA, celebrada en Pittsburgh, Pensilvania, en 1947. De "Early IJA Conventions – A Pictorial Collection", por D. Cain, 2018. https://www.juggle.org/early-ija-conventions-a-pictorial-collection/

Tal vez como subproducto de esta tendencia, se fundó la International Jugglers' Association (IJA, Asociación Internacional de Malabaristas). Un grupo de malabaristas —antiguos miembros de la American Brotherhood of Magicians [Hermandad Estadounidense de Magos]— fundó la organización en 1947, estableciendo así una separación oficial entre las disciplinas de malabarismo y magia, y especificando las características que compartían los practicantes de estas artes (International Jugglers' Association, sin fecha). Esta organización, que sigue existiendo hoy en día, se propuso prestar asistencia a sus compañeros malabaristas, y acabó por hacer llegar sus diferentes programas a todos los rincones del mundo, facilitando el compañerismo y el apoyo a los artistas que lanzan y cachan.[80]

Los malabaristas de hoy en día, en su calidad de implicados en la práctica, siguen discutiendo la definición de *juggling*. Aunque la edición actual del *Oxford English Dictionary* define *to juggle* [*hacer malabares*] como "manipular algo (o varias cosas simultáneamente, incluso diferentes), especialmente con ingenio o habilidad" (*Oxford English Dictionary*, 2018), a muchos malabaristas modernos no les satisface esta definición.

En su reciente libro sobre la ciencia del malabarismo, Jack Kalvan y Arthur Lewbel simplifican la práctica a "la actividad de lanzar y cachar muchos objetos" (Kalvan y Lewbel, 2018). El gramático medieval Jan Ziolkowski describe al malabarista moderno como "ante todo, un artista que se especializa en hacer equilibrios con pelotas y otros objetos, lanzarlos y cacharlos, generalmente en series vertiginosas" (Ziolkowski, 2018).

Sin embargo, al frente de esta conversación se encuentra Erik Åberg, un obstinado historiador y lexicógrafo del malabarismo que se ha esforzado por dar una definición descriptiva muy precisa del término *juggling* tal y como se utiliza en el inglés moderno. En su conferencia, "The Definition of Juggling" ["Definición de malabarismo"], hace los siguientes comentarios:

> *[El malabarismo es] un género de actividades relacionadas entre sí. El término "juggling" ["malabarismo"] puede representar tanto el género como una actividad de ese género. Las actividades suelen ser manipulaciones de objetos basadas en la habilidad, pero no son estas características las que determinan inequívocamente si algo es malabarismo o no... La naturaleza del malabarismo es similar a la de una melodía. Ambos conceptos se definen por la composición de sus componentes y no por los*

---

80   Con la intención de explicar toda la verdad, su servidor puntualiza que formó parte de la junta directiva de la IJA entre 2009 y 2013, y continúa trabajando con la organización en programas educativos.

componentes mismos. Una melodía no es una sola nota, al igual que el malabarismo no es un solo lanzamiento. Con esto en mente, podemos resistirnos a caer en la trampa de entender los componentes del malabarismo como malabarismo. Una llanta de un auto no es un auto, es una llanta. Lo mismo ocurre con el malabarismo. Un lanzamiento no es malabarismo, es un lanzamiento… Un lanzamiento de un objeto sin otros objetos ni lanzamientos adicionales podría considerarse malabarismo si forma parte de un determinado contexto, como una actuación de malabarismo (Åberg, 2017).

Para Åberg, el término *juggling*, tal y como se utiliza hoy en día, se refiere a dos cosas distintas: en primer lugar, el género (mantener objetos en equilibrio, manipulación hábil de objetos, etc.), que es bastante amplio y comprende muchas actividades distintas basadas en la habilidad; en segundo lugar, la actividad específica (lanzar objetos en una secuencia concreta). Usando esta definición, podríamos decir que "un malabarista (practicante del género) está haciendo malabares (manipulando tres objetos)" o que "un malabarista (practicante del género) está manteniendo un objeto en equilibrio sobre su cara (actividad dentro del género)" sin que se contradigan los significados de la palabra "malabarista".

Åberg sigue esta secuencia de ideas en su conferencia y en otros trabajos, en su búsqueda de una definición que describa en su totalidad la palabra *juggling* tal y como se utiliza en la sociedad anglófona actual. Es una tarea embriagadora, pero también un tema interesante que hasta ahora no se ha tratado directamente dentro de la comunidad de malabaristas.

Esta tarea surge a raíz de la controversia que rodea a la palabra *juggling* entre los malabaristas modernos, y su servidor no ha salido indemne. En 2014, competí en los campeonatos de la International Jugglers' Association con una rutina de palo de boca: sobre el filo de una daga que sostenía entre los dientes mantenía en equilibrio copas de vino y otros objetos. Después de recibir ese año la medalla de bronce, la organización cambió las reglas para que los jueces pudieran otorgar hasta 10 puntos (de un total de 100) en el apartado "Representación del malabarismo", y así cada juez podía expresar cuánto encajaba la rutina en su propia definición de "malabarismo" (International Jugglers' Association, 2017).

Los puntos otorgados son diferentes según el juez, y los artistas que se rigen por una definición más amplia de esta forma de arte a menudo son penalizados por el sistema. En la reseña oficial de la rutina se podía leer que, aunque la realizó "un hábil malabarista de lanzamiento" fue "un número que no incluyó ningún tipo de malabarismo de lanzamiento" (International Jugglers' Association, 2014).

Quizás esta anécdota es una prueba de que la palabra *juggling* ha seguido estrechando su semántica, pasando por diferentes conceptos: primero, su vieja raíz de truco y engaño; luego, la idea de manipulación hábil de objetos; y, para acabar, lanzar y cachar objetos en secuencia. Para su servidor, el malabarismo es lo que uno piensa que es: no permita que los estudiosos y sus definiciones lo disuadan de lanzar troncos con los pies como los mesoamericanos o de hacer malabares con nueces en un círculo como nuestros amigos de Tonga.

Sin embargo, la única verdad es que, una vez que una persona lanza y cacha tres pelotas, sus amigos y familiares enseguida le preguntan si va a trabajar en un circo, empiezan a tararear la *Entrada de los gladiadores* y le exigen que se ponga un sombrero puntiagudo lleno de cascabeles... pero a nadie se le ocurrirá pedirle un truco de magia. (Y usted, querido lector, podrá decirles por qué, con un detalle exhaustivo y extenuante).

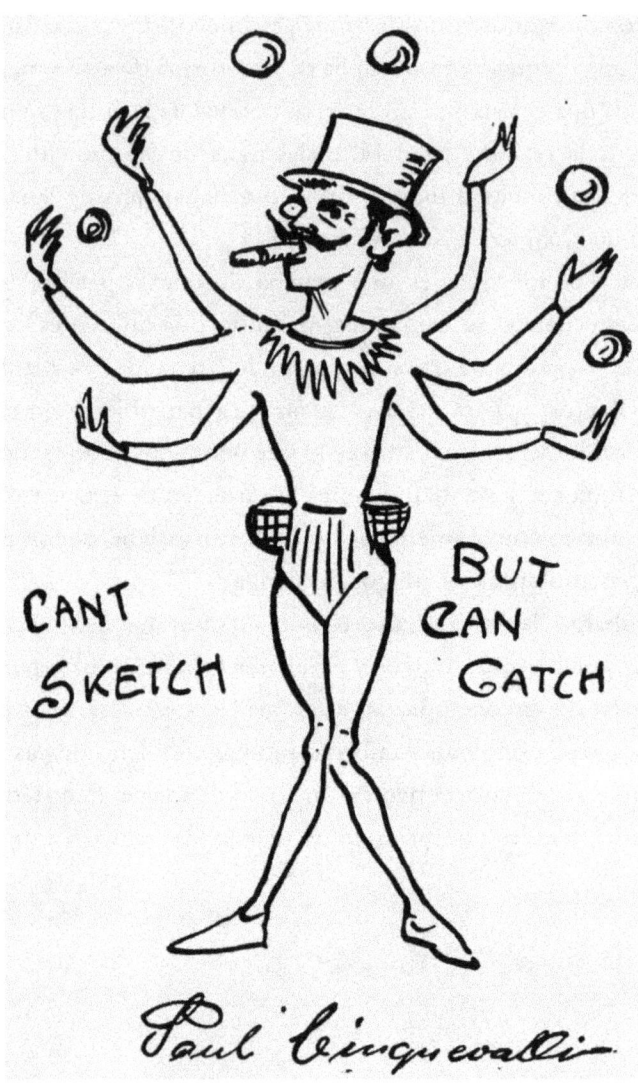

A self-portrait of Paul Cinquevalli. From Judy: or The London Serio-Comic Journal *Vol. 72 Iss. 2106. September 4, 1907. pp154-154. London.*

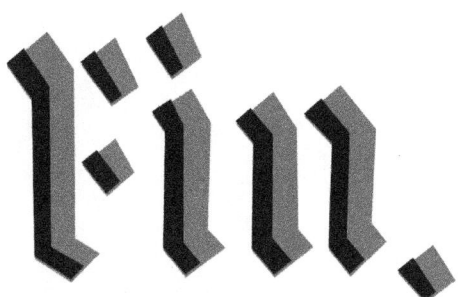

Malabarista y criatura mitológica, de un manuscrito francés de finales del siglo XIII. Adaptado de L'Estoire de Merlin, *por Robert of Boron, aprox. 1280-1290, Bibliothèque Nationale, París.*

Bibliografía

Åberg, E. (2017, 102). Juggling Edge: Forum. Extraído de www.jugglingedge.com/forum.php?ThreadID=3100&SmallID=22945

Åberg, E. (2017, 7 14). "The Definition of Juggling." International Jugglers' Association Festival. Cedar Rapids, Iowa.

Åberg, E. (2018, 4 15). (T. Wall, Interviewer)

Adrian, P. (1977). *À Vous, Les Jongleurs. L'Encyclopédie du cirque, n° 4.*

Agnew, J. H., & Bidwell, W. H. (1872). *Wandering Troubadours. The Eclectic Magazine: Foreign Literature*, 16(79), 656-663. Extraído de https://books.google.es/books?id=YJhAAQAAMAAJ&dq=Giraud+Riquier&source=gbs_navlinks_s

Akehurst, F., & Van D'Elden, S. C. (1998). *The Stranger in Medieval Society.* University of Minnesota Press.

Alinčová, A. (2002). "Byzanz". Rombase: Didactically edited information on Roma. Extraído de http://rombase.uni-graz.at/cgi-bin/artframe.pl?src=data/hist/origin/byzanz.en.xml

Allen, J. R., & Cox, J. C. (1907, 1). "Jugglers". *The Reliquary & Illustrated Archaeologist, 1-16.* Extraído de http://dev.juggle.org/history/archives/jugmags/37-1/37-1,p34.htm

Andersson, T. M., & Gade, K. E. (1991). Recent Old Norse-Icelandic Studies in the German-Speaking Countries. *Scandanavian Studies, 63*(1), 66-102. Extraído de www.jstor.org/stable/40919231

Arafat, K. W. (1988). Some More Vases by the Ikaros Painter. *Bulletin of the Institute of Classical Studies, 35*, 111-117. Extraído de www.jstor.org/stable/43646215

Are Indian Jugglers Humbugs? The Opinion of an Expert. An Interview with Mr Charles Bertram. (1899). *Strand Magazine, XVIII*, pp. 657-664.

Bacon, J. (1906). Native Jugglers at Darjeeling. *The King's Empire*. Cassel & Company Ltd, London. Extraído de http://www.columbia.edu/itc/mealac/pritchett/00routesdata/1900_1999/photographs/kingsempire1906/kingsempire1906.html

Baldwin, J. W. (1997, 7). The Image of the Jongleur in Northern France around 1200. *Speculum, 72*(3), 635-663. Extraído de www.jstor.org/stable/3040757

Baltzer, R. A. (2012). Music in the Life and Times of Eleanor of Aquitaine. In W. W. Kibler, *Eleanor of Aquitaine: Patron and Politician* (pp. 61-80). University of Texas Press.

Banerjee, S. (2011). The Mysterious Alien: Indian Street Juglers in Victorian London. *Economic and Political Weekly, 46*(14), 59-65. Extraído de www.jstor.org/stable/41152053

Bang, M. (1933). *Corpus Inscriptonum Latinarum* (Vol. VI). Rome: Berolini. Extraído de http://arachne.uni-koeln.de/arachne/index.php?view%5blayout%5d=buch_item&search%5bconstraints%5d%5bbuch%5d%5balias%5d=CILv6p4fIII1933&search%5bmatch%5d=exact

Battuta, I. (1829). *The Travels of Ibn Battuta*. (S. Lee, Trans.)

Bearden, E. B. (2013). Moctezuma's Zoo: Housing Disability in Transatlantic Travel Literature and European Courts. *Arizona Journal of Hispanic Cultural Studies, 17*, 161-175. Extraído de www.jstor.org/stable/24582274

Benefiel, R. R. (2008). Amianth, a Ball-Game, and Making One's Mark CIL IV 1936 and 1936a. *Zeitschrift fuer Papyrologie und Epigraphik, 167*, 193-200. Extraído de www.jstor.org/stable/20476576

Bennett, W. J. (2016). *Tried by Fire: The Story of Christianity's First Thousand Years*. Thomas Nelson.

Bible. (1265). Oxford, England. Extraído de http://corsair.themorgan.org/cgi-bin/Pwebrecon.cgi?BBID=246619

Blackwood. (1834, 10). A Glance at the Noctes of Athenaeus. *Blackwood's Edinburgh* Magazine, pp. 431-457. Extraído de https://books.google.es/books?id=GvdFAAAAcAAJ&pg=PA435&lpg=PA435&dq=Macedonian+Caranus+jugglers&source=bl&ots=MDsJ_7vKSx&sig=kGMJlQgvHThuxn9rl2lRq-3c-d8&hl=en&sa=X&ved=0ahUKEwjk85-eg7raAhUlApoKH-VNkCsk

Q6AEIbzAK#v=onepage&q=Macedonian%20Caranus%20jugglers&f

Bloch, R. (2018). Part of the Scene: Jewish Theater in Antiquity. *Journal of Ancient Judaism*, 8, pp. 150-169. Goettingen: Vandenhoeck & Ruprecht GmbH

Boas, B. (2010, 11 5). *Edo Daikagura troupe perform feats of balance for charity*. Extraído de Japan Times: https://www.japantimes.co.jp/culture/2010/11/05/events/events-outside-tokyo/edo-daikagura-troupe-perform-feats-of-balance-for-charity/#.WqBge2rwa6I

Boas, B. (2010, 10 17). *Meet the world's oldest master juggler*. Extraído de Japan Today: https://japantoday.com/category/features/meet-the-worlds-oldest-master-juggler?comment-order=popular

Boeckmann, S. (2003). *„Es fliegt was in der Luft" – Kulturgeschichtliche Aspekte des Jonglierens*. Carl von Ossietzky Universität Oldenburg.

Boeckmann, S. (2018, 11 1). (T. Wall, Interviewer).

Boetius, H. (1577). *Laws Made by King MacBeth*. (R. Holinshed, Trans.) Aberdeen. Extraído de http://lingopage.com/1066-2/guillaume-le-conquerant-part-iii/

Bretel, P. (2004). *Le jongleur de Notre-Dame*. Ann Arbor: University of Michigan Press.

Bristol City Museum and Art Gallery. (Date unkown). Linen ball from Grave 518 at Tarkhan, Egypt. Extraído de http://museumcrush.org/ancient-egyptian-parents-put-this-in-their-childs-grave-to-play-with-in-the-afterlife/

British Museum. (1901). *Toy / Game ball*. Extraído de http://www.britishmuseum.org/research/collection_online/collection_object_details.aspx?objectId=159640&partId=1

Brown, R. (1876). Japanese Jugglers. In *The races of mankind: being a popular description of the characteristics, manners and customs of the principal varieties of the human family* (Vol. 4). Extraído de http://db.nichibun.ac.jp/en/d/GAI/info/GI028/item/130/

Burgess, H. (1974). The Classification of Circus Techniques. *The Drama Review: TDR, 18*(1), 65-70. Extraído de www.jstor.org/stable/1144863

Burgwinkle, W. E. (1991, 7). Troubadour Song and the Art of Juggling. *Pacific Coast Philology, 26*(1/2), 13-25. Extraído de www.jstor.org/stable/1316551

Caner, D. F. (2002). *Wander, Begging Monks: Spiritual Authority and the Promotion of Monasticism in Late Antiquity*. Los Angeles: University of California Press. Extraído de https://books.google.es/books?id=-kUjt5yLMIkC&dq=chrysostom+antioch+juggler&source=gbs_navlinks_s

Carlsruhe Painter. (n.d.). *Terracotta lekythos*. Metropolitain Museum of Art, New York City. Extraído de https://www.metmuseum.org/art/collection/search/254319?sortBy=Relevance&deptids=13&when=1000+B.C.-A.D.+1&ft=basket&pg=2&rpp=20&pos=27

Carrasco, D. (2009). *The History of the Conquest of New Spain by Bernal Diaz del Castillo*. Albuquerque: University of New Mexico Press. Extraído de https://books.google.es/books?id=-Rs_bpln5lIC&pg=PA14&dq=bernal+diaz+montezuma&source=gbs_toc_r&cad=3#v=onepage&q=bernal%20diaz%20montezuma&f=false

Castillo, B. D. (1945). Three Studies on the Same Subject. *The Hispanic American Historical Review, 25*(2), 155-190. Extraído de www.jstor.org/stable/2507950

Cartwright, M. (2017). *Etruscan Tomb Paintings*. Extraído de https://www.ancient.eu/article/1013/etruscan-tomb-paintings/

Catholic.org. (n.d.). *St. Julian the Hospitaler*. Extraído de Catholic Online: https://www.catholic.org/saints/saint.php?saint_id=4129

Chabad.org. (2018). *Jewish Calendar: Sukkot*. Extraído de chabad.org: https://www.chabad.org/calendar/view/day_cdo/aid/165378/jewish/Water-Drawing-Celebrations.htm

Chambers. (1891). *Chambers's new handy volume American encyclopædia* (Vol. 7). Hurst.

Champlin, E. (1985). The Glass Ball Game. *Zeitschrift fuer Papyrologie und Epigraphik, 60*, 159-163. Extraído de www.jstor.org/stable/20184295

Chandra, S. (1971). Tulsidas's Concept of Rulership. *Proceedings of the Indian History Congress, 33*, 325-334. Extraído de www.jstor.org/stable/44145349

Chang, L.H. (1993). Cross-Cultureal Musical Processes and Results: Music along

the Silk Road (from the second century B.C. to the tenth century A.D.

Revista de Musicologia, v.16 n.4, 1888-1895.

Chobham, T. o. (n.d.). Summa Confessorum. VI.4.2a.

Cinquevalli, P. (1909, 3). How to Succeed as a Juggler. *Cassll's Magazine, 47*(4). Extraído de http://www.juggling.org/fame/cinquevalli/how-to-succeed.html

Cinquevalli: an illustrated interview. (1901, 10). *The Playgoer*.

City of London. (2015, 10 27). *Indian Jugglers - City of London*. Extraído de cityoflondon.gov.uk: https://www.cityoflondon.gov.uk/things-to-do/london-metropolitan-archives/the-collections/Pages/indian-jugglers.aspx

Clarke, S. W. (1924, 03). The Annals of Conjuring. *Magic Wand*, pp. 17-41.

Cline, H. F. (1969). Hernando Cortes and the Aztec Indians in Spain. *The Quarterly Journal of the Library of Congress, 26*(2), 70-90. Extraído de www.jstor.org/stable/29781348

Cohen, J. (2013, 3 26). *10 Things you may not know about William the Conqueror.* Extraído de History.com: http://www.history.com/news/history-lists/10-things-you-may-not-know-about-william-the-conqueror

Cohen, S. (1987, 6 14). The Legend of the Skillful Little Jugglers of Tonga. *LA Times.* Extraído de http://articles.latimes.com/1987-06-14/travel/tr-7125_1_juggling-skill/2

Collocott, E. E. (1925). *Supplementary Tongan Vocabulary.* The Polynesian Society. Extraído de www.jstor.org/stable/201702026

Cooper, J. (2013, 10 12). *'Blue continent' embraced, explored at Honolulu's Bishop Museum.* Extraído de SF Gate: https://www.sfgate.com/hawaii/alohafriday/article/Blue-continent-embraced-explored-at-4809972.php#photo-5177962

Corliss, M. (2006, 12 26). *Looking for just the right balance.* Extraído de Japan Times: https://www.japantimes.co.jp/life/2006/12/26/lifestyle/looking-for-just-the-right-balance/#.WqBgWWrwa6I

Culin, S. (1907). *Games of the North American Indians.* Extraído de http://www.juggling.org/museum/ethnography/native-american.html

Dadswell, S. (2007). Jugglers, Fakirs, and Jaduwallahs: Indian Magicians and the British Stage. *New Theatre Quarterly*, 3-24.

D'Agostino, F. (2012). Some Considerations on U-da-tuš (Bear Tamer) and Jugglery in Ur III. *Historiques, Philologiques et Epigraphiques en L'Honneur de Paolo Matthiae,* 89-99. Extraído de www.jstor.org/stable/42771745

Daniels, N. A. (2011). From Jongleur to Minstrel: The professionalization of secular musicians in thirteenth and fourteenth century paris. Johns Hopkins University. Extraído de https://jscholarship.library.jhu.edu/bitstream/handle/1774.2/35244/Daniels%20-%20From%20Jongleur%20to%20Minstrel.pdf

Decker, W. (1992). *Sports and Games of Ancient Egypt*. (A. Guttmann, Trans.) New Haven and London: Yale University Press.

Dickens, C. (1893). Jugglers. *All The Year Round*. Vol. 10, No. 257. London: J.W. Parker and Son.

Dokucirco.org. (2017, 10 28). *Antipodism in Mexico*. Extraído de eJuggle. org: https://www.juggle.org/antipodism-in-mexico/

Dorn'Eich, C. (2003). *Ban Gu - Annalen der Aelteren Han - Die Westlaender*. Universitaet

Stuttgart: Berlin.

Durán, F. D. (1971). *Book of the Gods and Rites of the Ancient Calendar*. (F. Horcasitas, & D. Heyden, Trans.) University of Oklahoma Press.

Emerson, C. (2008). *The Cambridge Introduction to Russian Literature*. Cambridge: Cambridge University Press. Extraído de https://books.google.es/books?id=HgZa8DRv18wC&pg=PA40&lpg=PA-40&dq=skomorokhi+juggling&source=bl&ots=uP5PpSJfrL&sig=T-GNI8jYs0sL1ekwo8XBnL-tYtM&hl=en&sa=X&ved=0ahUKEwjNhJXChrjaAhWGvxQKHYRHBRQQ6AEIZTAO#v=onepage&q=skomorokhi%20juggling&f=false

Encyclopaedia Britannica. (2018, 05 03). *Hubert Howe Bancroft*. Extraído de https://www.britannica.com/biography/Hubert-Howe-Bancroft

Encyclopaedia Brittanica. (2018). *Lekythos*. Extraído de https://www.britannica.com/art/lekythos

Encyclopedia Brittanica. (2007). Wace: Anglo-Norman Author. In E. Brittanica, *Encyclopedia Brittanica*. Extraído de https://www.britannica.com/biography/Wace#ref102654

Findeizen, N. (2008). *History of Music in Russia from Antiquity* to 1800, Vol. 1. Bloomington, IN: Indiana University Press. Extraído de https://books.google.es/books?id=SZexDAAAQBAJ&pg=PT205&lpg=PT205&dq=novgorod++skomorokhi&source=bl&ots=7NDTU69xdE&sig=tEquY7IR3SZ5jJeN4M1pUEVgtSQ&hl=en&sa=X&ved=0ahUKEwjp2cnFirjaAhWGPRQK

HbrPBWUQ6AEINTAB#v=onepage&q=novgorod%20%20skomorokhi&f=false

FitzGerald, W. G. (1897). Side-Shows. *Strand Magazine, 14*, pp. 95-96. Extraído de https://archive.org/stream/TheStrandMagazineAnIllustratedMonthly/TheStrandMagazine1897bVol.XivJul-dec#page/n107/mode/2up

FitzGerald, W. G. (1897, Jan-June). The Greatest Juggler in the World. *Strand Magazine.* Extraído de http://www.juggling.org/fame/cinquevalli/strand.html

Fletcher, A. J. (2000). *Drama, Performance, and Polity in Pre-Cromwellian Ireland.* Cork, Ireland: Cork University Press. Extraído de https://archive.org/stream/dramaperformance00flet#page/22/mode/2up/search/spears

France, A. (1899). *L'Étui du nacre.* París: Calmann-Lévy. Extraído de https://fr.wikisource.org/wiki/Le_Jongleur_de_Notre-Dame

Fu, Q. (1985). *Chinese Acrobatics through the Ages.* (U. o. Virginia, Ed.) Foreign Languages Press.

Gadalla, M. (2016). *The Musical Aspects of The Ancient Egyptian Vocalic Language.* Greensboro, NC: Tehuti Research Foundation.

Geisler, J. (2018, 3 8). Bansuri Master. (T. Wall, Interviewer)

Gershuni, E.P. (2018). *The Art of the Juggler.* (Helena K., Trans.) Createspace.com

Genzaburo, M. (1690). *Jinrin Kinmo Zui.* Extraído de http://www.britishmuseum.org/research/collection_online/collection_object_details.aspx?assetId=1064862001&objectId=779515&partId=1

Giduz, B. (1995). "Starting Young, Staying Strong." *Jugglers World* (p. 22). International Jugglers' Association.

Gobbers, E. (1949). *Artisten - Zirkus und Variete in Alter und Neuer Zeit.* (L. Reichenbach, Trans.) Dusseldorf: Droste.

Goldstone, M. (August, 2018). Personal correspondence with T. Wall.

Gonzalez, A. P. (2017). Los Orsanti - Un Viaje de Musica y Animales por el Mundo. *Dokucirco.*

Gradual of Saint-Etienne of Toulouse, including a tonary (a collection of chant melodies). (1075-1125 (appx)). f. 298v. France. Extraído de http://www.bl.uk/catalogues/illuminatedmanuscripts/record.asp?MSID=8608&CollID=8&NStart=4951

Guinness World Records. (n.d.). *Most Rings Juggled*. Extraído de Guinness World Records: http://www.guinnessworldrecords.com/world-records/most-rings-juggled

Guynes, S. A. (2012). Review of Russel Zguta, Russian Minsters: A History of the Skomorokhi. *Vexillum*.

Halakhah.com (n.d.). The Babylonian Talmud: Tractate 'Abodah Zarah. http://halakhah.com/zarah/zarah_18.html

Hall, H.R. (1916). A Comparison of Chinese and Egyptian Tomb-Sculptures. *The Journal of Egyptian Archaeology* (Vol. 3, No. 1, p. 38-40). Extraído de https://www.jstor.org/stable/3853591

Hall, M. (2018). Personal correspondence with T. Wall.

Harkonen, H. (1965). *Circuses and Fairs in Art* (p. 21). Minneapolis: Lerner Publications.

Hazlitt, W. (1828). The Indian Jugglers. *Table Talk*. Extraído de http://www.juggling.org/papers/hazlitt/

Herrmann, L. (1924). *The Sphynx*. Chicago.

Heslop, K. (2012). Poem about Óláfr Tryggvason. In D. Whaley, *Poetry from the Kings' Sagas 1: From Mythical Times to c. 1035. Skaldic Poetry of the Scandinavian Middle Ages* (Vol. 1, p. 1061). Turnhour: Prepols. Extraído de http://skaldic.abdn.ac.uk/db.php?id=1528&if=default&table=verses&val=edition

Humphrey, J. H. (1986). *Roman Circuses: Arenas for Chariot Racing*. Los Angeles: University of California Press. Extraído de https://books.google.es/books?id=couetXBQO9AC&printsec=frontcover&dq=roman+circus&hl=en&sa=X&ved=0ahUKEwid6-j6k9jaAhVC6RQKHYXSCswQ6AEIKTAA#v=onepage&q=roman%20circus&f=false

Husband, T. (n.d.) *Before Fortune-Telling: The History and Structure of Tarot Cards*. The Met. https://www.metmuseum.org/blogs/in-season/2016/tarot

Insituto Nacional de Antropologia e Historia. (2008, 10 2). *Acrobacia prehispancia*. Extraído de inah.gob.mx: http://www.inah.gob.mx/es/boletines/2254-acrobacia-prehispanica

Instituto Nacional de Antropologia e Historia. (2008, 2 10). *Acrobacia Prehispanica*. Extraído de Instituto Nacional de Antropología e Historia: http://www.inah.gob.mx/en/boletines/2254-acrobacia-prehispanica

International Jugglers' Association. (n.d.). *Early IJA Conventions - A Pictorial Collection*. Extraído de www.juggle.org: https://www.juggle.org/early-ija-conventions-a-pictorial-collection/

International Jugglers' Association. (n.d.). *IJA History*. Extraído de www.juggle.org: www.juggle.org/history

International Jugglers' Association. (2014). *The 2014 IJA Festival Review*. Extraído de https://www.juggle.org/the-2014-ija-festival-review/

International Jugglers' Association. (2017). *2017 Stage Championships Rules*. Extraído de https://www.juggle.org/festival/stage-championships-rules-saved/

Jaffe, D. (2012). *Historical Dictionary of Russian Music*. Plymouth: The Scarecrow Press, Inc., extraído de https://books.google.es/books?id=65ZrAwAAQBAJ&pg=PA2&lpg=PA2&dq=skomorokhi+juggling&source=bl&ots=ZbDc7WPoQ&sig=sknlRMM-eokFaNXDUss64LYf_JI&hl=en&sa=X&ved=0ahUKEwjNhJXChrjaAhWGvxQKHYRHBRQQ6AEIRDAI#v=onepage&q=skomorokhi%20juggling&f=false

Jando, D. (2018). *Philip Astley & The Horsemen who invented the Circus*. Createspace.

Japan Information Network. (2002, 10 25). *Licensed ot Entertain*. Extraído de web-japan.org: http://web-japan.org/trends01/article/021025fas.html

Jeunes polynesiennes jonglant. (1895).

Jones, P. A. (2017, 10 25). *Neverthriving*. Extraído de Haggard Hawks: https://www.haggardhawks.com/single-post/2017/10/25/Neverthriving

Jones, W. P. (1931). The Jongleur Troubadours of Provence. *PMLA, 46*(2), 307-311. Extraído de www.jstor.org/stable/458035

Joshel, S. (2010, 11 19). *Slavery in the Roman World*. Cambridge University Press.

Journal of the Royal Society of Arts. (1933, 10 30). Tradition and English History. *Journal of the Royal Society of Arts, 81*(4111), 1074-1076. Extraído de www.jstor.org/stable/41362701

Joyce, P. (1906). *A Smaller Social History of Ancient Ireland*.

Kalvan, A & Lewbel, A. (2018). When Balls Collide: *Understanding the Skill of Juggling*. Lulu.com

Kerr, J. (1984, 3). Juggling in Alaska as an Historic Native American Pastime. *Juggler's World, 36*(1). Extraído de http://www.juggling.org/museum/ethnography/inuit.html

Kimmich, F., Bowersock, G. W., & Bosworth, A. B. (2012). "History of Alexander the Great." *Transactions of the American Philosophical Society*, 364. Extraído de www.jstor.org/stable/24395532

Kirby, E. T. (1974). "The Shamanistic Origins." *The Drama Review: Popular Entertainments*. New York: New York University School of the Arts.

Kiss, A. (2018). *If You are a Juggler*. (N. Duinker, Trans.) Lulu.com

Kitchell, K. (2011). Penelope's Geese. *Expedition Magazine, 53*(3). Extraído de https://www.penn.museum/sites/expedition/penelopes-geese/

Kleimayrn, F. (1797). *Verordnung*. Extraído de https://books.google.de/books?id=noxHAAAAcAAJ&source=gbs_navlinks_s

Kjeilen, T. (n.d.). *Babylonian and Assyrian Religion*. Extraído de LookLex Encyclopaedia: http://looklex.com/e.o/bab-ass_rl.htm

Koren Noe Talmud - William Davidson Edition. (n.d.). Extraído de https://www.sefaria.org/Sukkah?lang=bi&p2=Sukkah.53a.10&lang2=en

Koria, M. (2017). "Killed the Pilgrims and Persecuted Them": Portuguese Estado da India's Encounters with the Hajj in the Sixteenth Century. In U. Ryad, *The Hajj and Europe in the Age of Empire* (pp. 14-45). Brill.

Kurose, H. (September, 2018). Personal correspondence with T. Wall.

La Real Academia de la Historia. (1807). *Las siete partidas del Rey Don Alfonso el Sabio, cotejadas con varios códices antiguos*. Madrid: La Imprenta Real. Extraído de http://www.cervantesvirtual.com/obra-visor/las-siete-partidas-del-rey-don-alfonso-el-sabio-cotejadas-con-varios-codices-antiguos-por-la-real-academia-de-la-historia-tomo-2-partida-segunda-y-tercera--0/html/01f12004-82b2-11df-acc7-002185ce6064.htm

Labus, G. (1883). *Museo della Reale Accademia di Mantova*. Mantova. Extraído de http://arachne.uni-koeln.de/arachne/index.php?view%5blayout%5d=buch_item&search%5bconstraints%5d%5bbuch%5d%5balias%5d=Labus1833Vol2&search%5bmatch%5d=exact

LaCroix, P. (2013). *A History of Manners, Customs and Dress During the Middle Ages and Renaissance Period*. BoD.

Lamont, P., & Bates, C. (2007). Conjuring images of India in nineteenth-century Britain. *Social History*, 308-324.

Leaverton, C. (2015, 1 26). Polynesian juggling goddesses of Tonga. *eJuggle*. Extraído de https://www.juggle.org/polynesian-juggling-goddesses-of-tonga/

Licht, H. (1932). *Sexual Life in Ancient Greece*. London: Lord Humphries. Extraído de https://archive.org/details/in.ernet.dli.2015.282802

Linton, R. (1926). Ethnography of Polynesia and Micronesia. *Guide (Field Museum of Natural History), 6,* 1-3, 5-187, 189-191. Extraído de www.jstor.org/stable/41507919

Lorenzo, Hervas, & Panduro. (1801). *Catálogo De Las Lenguas De Las Naciones Conocidas, Y Numeracion, Division, Y Clases De Estas Segun La Diversidad De Sus Idiomas Y Dialectos* (Vol. 2).

M, R. (1635). *Hocus Pocus Junior - The Anatomie of Legerdemain* (2 ed.). London: T Harper. Extraído de https://catalog.loc.gov/vwebv/search?searchCode=LCCN&searchArg=34010760&searchType=1
&permalink=y

MacRitchie, D. (1909-1910). Druids and Mound-Dwellers. In Mackinnon, & Carmichael, *The Celtic Review* (p. 259). Edinburgh: T and A Constable.

Maffei, S. M., Zucchi, F., Cignaroli, G., Bertoli, A. D., Zucchie, A., Fessard, E. Maffei, S. M. (1749). *Museum veronense, hoc est, Antiquarum inscriptionum atque anaglyphorum collectio: cui Taurinensis adiungitur et Vindobonensis: accedunt monumenta id genus plurima nondum vulgata, et ubicumque collecta.* Verona. Extraído de https://archive.org/details/museumveronenseh00maff

Magill, F. N., & Aves, A. (1998). *Dictionary of World Biography: The Middle Ages* (Vol. 2). Routledge. Extraído de https://books.google.es/books?id=CurSh3Sh_KMC&pg=PA688&lpg=PA688&dq=%22olaf+tryggvason%22+juggling&source=bl&ots=y4SCkdGf5e&sig=74KMvXch__bWdcyw1ZZYeYE5VVg&hl=en&sa=X&ved=0ahUKEwjh_q2MyNXaAhUMiKYKHb5iAPsQ6AEIWjAN#v=onepage&q=%22olaf%20tryggvason%22%20jugg

Magnus, O. (1555). Consortium on Bagpiping. Extraído de http://www.prydein.com/pipes/etchings6/olaus.html

Malaspina. (1793). *Vava'u Girls.*

Malm, J.R. (1977). The Legacy to Nihon Buyō. *Dance Research Journal,* (Vol. 9 No. 2)
12-24. Congress on Research on Dance.

Malnick, B. (1939-1940). The Origin and Early History of the Theatre in Russia. *The Slavonic and East European Review, 19*(53/54), 203-227. Extraído de www.jstor.org/stable/4203593

Marquez-Villanueva, F. (1998). Spanish Cazurro Poetry. In J. M. Ziolkowski, *Obscenity: Social Control and Artistic Creation in the European Middle Ages*. Leiden: Brill.

Maruichi, S. (n.d.). *"Edo-Daikagura" Maruichi Senoh Troupe*. Extraído de edo-daikagura.com: http://edo-daikagura.com/doc/maruichi/maruichi_en.pdf

Maruichi, S. (1998-2018). *Japanese traditional performing arts*. Extraído de "Edo-Daikagura" Maruichi Senoh troupe: http://edo-daikagura.com/

Maruichi, S. (2015). *The Edo Daikagura*. D-Create.

May, E. C. (1932). *The Circus: From Rome to Ringling* (p. 1). Cornwall: Duffield & Green.

McClellan, M. C. (1985). To Play Properly With A Glass Ball. *Expedition Magazine, 27*(2). Extraído de https://www.penn.museum/sites/expedition/to-play-properly-with-a-glass-ball/

McDaniel, W. B. (1906). Some Passages Concerning Ball Games. *Transactions and Proceedings of the American Philological Association, 37*, 121-134. Extraído de https://archive.org/details/jstor-282704

Mendner, S. (1956, 11 19). *Das Ballspiel im Leben der Voelker*. Muenster, BRD.

Mirosa, M. C. (2000). *Fichero juegos malabares*. INDE.

Mokhtarian, J.S. (2012). Empire and Authority in Sasanian Babylonia: The Rabbis and King Shapur in Dialogue. *Jewish Studies Quarterly*, Vol. 19, No. 2, 148-180. Extraído de https://www.jstor.org/stable/41681771

Money Museum. (2018). *Sassanid Empire, Shapur I, Drachm*. Extraído de Money Museum: https://www.moneymuseum.com/en/coins?&id=1358

Morgan, L. H. (1876). Native Races of the Pacific States. Vol II. by Hubert Howe Bancroft. *North American Review, 122*(251), 265-308. Extraído de www.jstor.org/stable/25109970

Morgan, W., & Brask, P. (1988). Towards a Conceptual Understanding of the Transformation from Ritual to Theatre. *Anthropologica, 30*(2), 175-202. Extraído de www.jstor.org/stable/25605509

Morganstierne, G. (1982). *Monumentum Georg Morgenstierne: Vol 2 (Acta Iranica)*, 76.

Leiden: Brill.

Morris, A. (2009). A Case Study in Negotiating Gender Roles. In C. D. Clark, *Transactions at Play* (p. 27). University Press of America.

Naumann, E. (1886). *The History of Music*. London: Cassel & Company Ltd., extraído de https://archive.org/details/historyofmusic01naum

Needham, J. (1954). *Science and Civilisation in China* (Vol. 1). Cambridge: Cambridge University Press.

Neirick, M. (2012). *When Pigs could Fly and Bears could Dance: A history of the Soviet Circus*. Madison: University of Wisconsin Press.

Nelson, D. (2012). European Roma descended from Indian 'untouchables', genetic study shows. *The Telegraph*. Extraído de https://www.telegraph.co.uk/news/worldnews/europe/9719058/European-Roma-descended-from-Indian-untouchables-genetic-study-shows.html

Newberry, P. E. (1893). *Beni Hasan* (Vol. II). London: Egypt Exploration Society. Extraído de http://digi.ub.uni-heidelberg.de/diglit/newberry1893bd2/0061

O'Curry, E. (1855-1856). *Lectures on the Manuscript Materials of Ancient Irish History*. Dublin: James Duffy.

O'Neill, P. G. (1958-1959). The Special Kasuga Wakamiya Festival of 1349. *Monumenta Nipponica, 14*(3/4), 408-428. Extraído de www.jstor.org/stable/2382777

Otto, B. K. (2001). *Fools Are Everywhere: The Court Jester Around the World*.

Oxford English Dictionary. (sin fecha). *juggle, v.* Extraído de OED.com: http://www.oed.com.dclibrary.idm.oclc.org/view/Entry/101954?rskey=inCWz0&result=1#eid

Oxford English Dictionary. (n.d.). *legerdemain, n and adj.* Extraído de OED.com: http://www.oed.com.dclibrary.idm.oclc.org/view/Entry/107057?rskey=461Jnm&result=1&isAdvanced=false#eid

Oxford English Dictionary. (n.d.). *Never-.* Extraído de OED.com: http://www.oed.com.dclibrary.idm.oclc.org/view/Entry/126487?rskey=Ka98R7&result=1&isAdvanced=true#eid34698621

Paringatai, K. (2005). *Poia atu / mai (?) taku poi – The Polynesian Origins of Poi.*

Pavis, P. (1998). *Diccionario del Teatro.* Barcelona: Ediciones Paidos.

Pietrini, S. (2010). Medieval Entertainers and the Memory of Ancient Theatre. *Revue Internationale de Philosophie, 64*(252), 149-176. Extraído de www.jstor.org/stable/23961160

Polster, B. (2006). *The Mathematics of Juggling*, 3. New York: Springer-Verlag.

Preston, W. (1806). Essay on the Question "Are the Origin and Progress of the Polite Arts, in Any Country, Connected with, and Depending on, the Political State of That Country?". *The Transactions of the Royal Irish Academy, 10*, 3-120. Extraído de www.jstor.org/stable/30078967

Quintilian. (95). *Insitutio Orotoria* (Vol. 10). (H. E. Butler, Trans.) Extraído de http://www.perseus.tufts.edu/hopper/text?doc=Quint.%20Inst.%2010.7&lang=original

Quiyu, Y., Dongsheng, H., Wichmann, E., & Richardson, G. (1989). Some Observations on the Aesthetics of Primative Chinese Theatre. *Asian Theatre Journal, 6*(1), 12-30. Extraído de www.jstor.org/stable/1124287

Read, K. A. (1986). The Fleeting Moment: Cosmogony, Eschatology, and Ethics in Aztec Religion and Society. *The Journal of Religious Ethics, 14*(1), 113-138. Extraído de www.jstor.org/stable/40015027

Reichenbach, L. (2018, 8 2). (T. Wall, Interviewer)

Rohter, S. (2003). "The Tomba delle Leonesse and the Tomba dei Giocolieri at Tarquinia." Extraído de https://www.brown.edu/academics/archaeology/publications/tarquinia

Rolleston, T., & Leyendecker, J. (1911). *Myths & Legends of the Celtic Race.*

Rüdiger, J. (1782). *Von der Sprache und Herkunft der Zigeuner aus Indien.* Leipzig.

Sacy, M. l. (1829). Arabic Literature. In Treuttel, & Wurtz, *The Foreign Quarterly Review* (Vol. III, pp. 1-78). London: Truettel and Wurtz, Treuttel, Jun. and Richter. Extraído de https://books.google.es/books?id=vztB21T3_SIC&printsec=frontcover&source=gbs_ge_summary_r&cad=0#v=onepage&q&f=false

Sagemüller, H. (1973). *Michael Kara. König der Jongleure - Jongleur der Koenige.* Baldingen.

Sahagún, F. B. (1979). *The Florentine Codex, Book 8: Kings and Lords* (Vol. 8). (A. J. Anderson, & C. E. Dibble, Trans.) The School of American Research and the University of Utah.

Sayers, W. (2009). Early Irish Attitudes toward Hair and Beards, Baldness and Tonsure. *Zeithschrift für celtische Philologie*, 154-189. Extraído de https://www.degruyter.com/view/j/zcph.1991.44.issue-1/zcph.1991.44.1.154/zcph.1991.44.1.154.xml

Schreier, R. J. (Ed.). (2013). Koren Talmud Bavli (The Noé Edition, Vol. 10: The Tractate Sukka). Jerusalem: Shefa Foundation; Koren Publishers Jerusalem.

Schodt, F.L. (2012). *Professor Risley and the Imperial Japanese Troupe: How an American Acrobat Introduced Circus to Japan--and Japan to the West.* Berkeley: Stone Bridge Press.

Scobie, A. (1979). Storytellers, Storytelling, and the Novel in Graeco-Roman Antiquity. *Rheinisches Museum fur Philologie, 122*(3/4), 229-259. Extraído de www.jstor.org/stable/41244988

Secunda, S. (2013). The Iranian Talmud, 105. Philadelphia: University of Pennsylvania Press.

Select Committee on the Existing Laws Relating to Vagrants. (1836). *Selection of Reports and Papers of the House of Commons* (Vol. 40: Poor).

London: Houes of Commons. Extraído de https://books.google.es/books?id=qSNDAAAAcAAJ&dq=juggler%20gypsy%20suspicious&pg=PA3#v=onepage&q&f=false

Shofu. (400 BCE). *Leizi*.

Sinclair, A. T. (1907, 1-3). Gypsy and Oriental Music. *The Journal of American Folklore*, 16-32. Extraído de www.jstor.org/stable/534723

Smith, WLLD, Wayte, Marindin. (1890). *A Dictionary of Greek and Roman Antiquities*. Extraído de http://www.perseus.tufts.edu/hopper/text?doc=Perseus:text:1999.04.0063:entry=pila-cn

Smithsonian.com. (2017, 10 13). *The Juggling Genius of Paul Cinquevalli*. Extraído de Smithsonian.com: https://www.smithsonianmag.com/smithsonian-institution/juggling-genius-paul-cinquevalli-180964874/

Soni, J., & Goodman, R. (2017). *A Mind at Play: How Claude Shannon Invented the Information Age*. Simon and Schuster. Extraído de https://books.google.s/books?id=ABlpDQAAQBAJ&pg=PA253&lpg=PA253&dq=claude+shannon+xenophon&source=bl&ots=XMAm7qwPez&sig=cZYCOBs3i1tCiBBN_EF1BKDEec8&hl=en&sa=X&ved=0ahUKEwiF7P3Oic7aAhWFfywKHe1ICxMQ6AEIYzAL#v=onepage&q=claude%2shannon%20xenophon&f=false

Sorosilutoo. (n.d.). *Ilukitatuk*. Cape Dorset, Baffin Island.

Sosnovskiy, S. (2018). "Wall-painting of the Jugglers Tomb in Tarquinia." Extraído de http://ancientrome.ru/art/artworken/img.htm?id=2549

Soulis, G.C. (1961). The Gypsies in the Byzantine Empire and the Balkans. *Dumbarton Oaks Papers* (No. 15 141-165). Extraído de https://www.jstor.org/stable/1291178

St John, J. A. (1842). *The History of the Manners and Customs of Ancient Greece* (Vol. 1). London: S & J Bentley, Wilson, and Fley. Extraído de https://books.google.es/books?id=w8A_AQAAIAAJ&pg=PA146&lpg=PA146&dq=babylonian++dough+juggler&source=bl&ots=9YicPzRgzW&sig=oa81U_kHJHRvO6x3sXO

Dj268zp0&hl=en&sa=X&ved=0ahUKEwjVkNHn9LLaAhUJ SBQKHbVgAisQ6AEIRzAJ#v=onepage&q=babylonian%20 %20dough%20juggler&f=f

Starkie, W. (1935). Gypsy Folk Lore and Music. *Journal of the English Folk Dance and Song Society, 2*, 83-91. Extraído de http://www.jstor. org.libproxy.wustl.edu/stable/pdf/4521069.pdf

Stephens, W. R. (2014). *Saint John Chrysostom, his Life and Times.*

Strickland, A. (1851). *True stories, from ancient history: chronologically arranged, from the creation of the world to the death of Charlemagne.* New York: Charles S Francis. Extraído de https://archive.org/details/ truestoriesfromastri

Sturluson, S. (1954). *The Prose Edda: Tales from Norse Mythology.* (J. I. Young, Trans.) Cambridge: Bowes & Bowes Ltd., extraído de https://books.google.es/books?id=uHwH2EmplcIC&pg=PA 30&lpg=PA30&dq=gylfi+juggling&source=bl&ots=qcWzQiZ m1H&sig=De6kx7xy0GkXr4xgV04FnvW8UJc&hl=en&sa=X &ved=0ahUKEwjx7cS4wtDZAhUBbxQKHcifCpEQ6AEIRT AE#v=onepage&q=gylfi%20juggling&f=false

Tain Bo Cuailnge. (2002). (T. Kinsella, Trans.) Oxford University Press.

Tairi, Savage, S., More-Taunga-o-te-tini, & Terei, T. (1915, 12). Extracts from Dr. Wyatt Gill's Papers. *The Journal of Polynesian Society, 24*(4(96)), 140-155. Extraído de www.jstor.org/stable/20701116

The Crayon. (1855, 8 29). Sketches of India. I. Landing at Madras. Jugglers. *The Crayon, 2*(9), pp. 127-128. Extraído de www.jstor.org/ stable/25527155

The Dominion. (1918, 7 18). Famous Juggler Passes. *The Dominion.* Wellington, New Zealand.

The Rutland Psalter. (1260). London: The family of Edmund de Lacy, second Earl of Lincoln. Extraído de http://www.bl.uk/manuscripts/FullDisplay.aspx?ref=Add_MS_62925

Thomas, R. (2018, 05 14). Juggler of Toltec Origin? (T. Wall, Interviewer)

Tourism, T. (n.d.). *Hanuman Juggling Ball*. Darasuram. Extraído de http://tamilnadu-favtourism.blogspot.com.es/2015/12/airavatesvara-temple-darasuram_0.html

Truzzi, M., & Truzzi, M. (1974, 3/4). Notes Toward a History of Juggling. *Bandwagon, 18*(2). Extraído de http://www.juggling.org/papers/history-2/

Tuck, A. (2012). "The Performance of Death", *Monumentality in Etruscan and Early Roman Architecture: Ideology and Innovation.* Austin: University of Texas Press.

University of Oxford. (2018). *Lekythos*. Extraído de https://www.beazley.ox.ac.uk/tools/pottery/shapes/lekythos.htm

University of Waterloo. (2010, 6 20). *Elliot Avedon Virtual Museum of Games*. Extraído de Faculty of Applied Health Sciences - University of Waterloo: http://healthy.uwaterloo.ca/museum/VirtualExhibits/Inuit/english/juggle.html

University, I. S. (1908). Malabares de Japón: Yuka Tsusaka y Otomi Nakanosan se presentan en South Bend, Indiana, en 1908. South Bend, Indiana, USA.

Unknown. (1257). Illumination accompanying Cantiga 360. *Cantigas de Santa Maria*. Rey Alfonso X, Madrid.

Unknown. (n.d.). *Seated Girl Juggling*. Regional Archaelogical Museum "Antonio Salinas", Palermo, Italy.

Unknown. (n.d.). Temple Rubbing: Sword Juggler. *206 BCE–220 CE*. Author's own collection.

Unknown. (n.d.). *Terra Cotta Juggling Statue.*

Unknown. (n.d.). *Woman juggling apples*. Toledo Museum of Art, Toledo.

Veligzhanin, A. (2008). Двойник Сталина жив! (Stalin's double is alive!). Extraído de kp.ua. https://kp.ua/incidents/38869-dvoinyk-stalyna-zhyv

Vernoff, C.E. (1999). Feast of Redemption. *Tradition: A Journal of Orthodox Jewish Thought*, 33(4). Extraído de https://www.jstor.org/stable/23262257

Wach, C. (2007, 1 21). *Hiko, the Tongan Art of Juggling*. Extraído de haystack.co.uk: http://haystack.co.uk/2007/01/21/hiko-the-tongan-art-of-juggling/

Walker, R. W. (1992). Native Women on the Utah Frontier. *Brigham Young University Studies, 32*(4), 87-124. Extraído de www.jstor.org/stable/43041573

Wall, D. (2013). *The Ordinary Acrobat: A Journey into the Wonderous World of the Circus, Past and Present*. Knopf.

Weiditz, C. (1528). Aztec Antipodist. *Trachtenbuch*. Germanisches Nationalmuseum Nuernberg, Nuernberg. Extraído de http://dlib.gnm.de/item/Hs22474/html

Weir, A. (2012). *Footsteps of the Dead: Iconography of Beliefs about the Afterlife and Evidence for Funerary Practices in Etruscan Tarquinia*. University of St. Andrews.

Werenskiold, E. T. (1899). Olaf and his Queen. *The Sagas of Olaf Tryggvason and of Harald the Tyrant*. Londres. Extraído de https://www.gutenberg.org/files/22093/22093-h/22093-h.htm#olaf

Whatley, G., Thompson, A. B., & Upchurch, R. K. (2004). *Saint's Lives in Middle English Collections*. Kalamazoo: Medieval Institute Publications.

White, D. (1985). The Game of Trigon. *Expedition Magazine, 27*(2). Extraído de https://www.penn.museum/sites/expedition/the-game-of-trigon/

Wikimedia Commons. (n.d.). Skomorokhs. Extraído de https://commons.wikimedia.org/wiki/File:Skomorokhs.jpg

Wilkinson, J. G. (1837). *Manners and Customs of the Ancient Egyptians* (Vol. 2). Londres.

Williams, H.W. (1975) *Dictionary of the Maori Language*, (50). Wellington: Government Printer.

Williams, J. F. (1820). *An Historical Account of Inventions and Discoveries in Those Arts and Sciences: Which are of Utility Or Ornament to Man, Lend Assistance to Human Comfort, a Polish to Life, and Render the*

Civilized State, Beyond Comparison, Preferable to a State of Nature (Vol. 2). London: T& J Allman.

Winkler, G. (1978). *Geschichte des Varietes.* Berlin, Deutsche Demokratische Republik (DDR): Henschelverlag Kunst und Gesellschaft.

Wintle, A. (2018). *The Visconti-Sforza Tarot, c.1460.* World of Playing Cards. http://www.wopc.co.uk/italy/visconti

Wood, F. (2004). *The Silk Road: Two Thousand Years in the Heart of Asia,* (53).

Berkeley: University of California Press.

Woodville, R. C. (1902). *History of the Nation.* Golding: United Kingdom.

Wright, L. M. (1967, 1). Misconceptions concerning the Troubadours, Trouvères and Minstrels. *Music & Letters, 48*(1), 35-39. Extraído de www.jstor.org/stable/733150

Wu-gui, X. (n.d.). *Zhuangzi.* (J. Legge, Trans.) Extraído de https://ctext.org/zhuangzi/xu-wu-gui#n2917

Xenophon. (1897). *The Symposium.* (H. G. Dakyns, Trans.) Extraído de http://www.perseus.tufts.edu/hopper/ext?doc=Perseus:text:1999.01.0212:text=Sym.:chapter=2&highlight=hoops

Zguta, R. (1972, 6). Skomorokhi: The Russian Minstrel-Entertainers. *Slavic Review, 31*(2), 297-313. Extraído de www.jstor.org/stable/2494335

Zguta, R. (1978). *Russian Minstrels: A History of the Skomorokhi.* Philadelphia: University of Pennsylvania Press.

Ziethen, K. H. (1985). *Juggling: The Art and its Artists.* New York: Dube.

Ziethen, K. H. (2017). *Juggling: the Past and Future.* Lulu.com.

Ziolkowski, J. M. (2006). Juggling in the Middle Ages: The Reception of Our Lady's Tumbler and Le Jongleur de Notre-Dame. *Studies in Medievalism, 15,* 157-197. Extraído de https://www.academia.edu/2646156/Juggling_the_Middle_Ages_The_Reception_of_Our_Lady_s_Tumbler_and_Le_Jongleur_de_Notre-Dame

Ziolkowski, J. M. (2018). *The Juggler of Notre Dame and the Medievalizing of Modernity. Volume 2: Medieval Meets Medievalism.* Cambridge, UK:

Open Book Publishers. Extraído de https://www.openbook-publishers.com/htmlreader/978-1-78374-506-7/ch5.xhtml

Agradecimientos

ESTE LIBRO NO HABRÍA sido posible sin la ayuda de mis amigos. Me gustaría extender un agradecimiento especial a las siguientes personas (listadas en orden alfabético).

Erik Åberg

Morgan Anderson

Reg Bacon

Sonja Boeckmann

David Cain

Olivier Caignart

Jackie Davis

Benjamin Domask

Tim Ellis

Kathleen Finneran

Josh Geisler

Matthew Goldstone

Mariona Signes Gonzàlez

Megan Gendell

Matt Hall

Kate Peterson Koch

Brian Koenig

Hiro Kurose

Andrés Aguilar Larrondo

Arthur Lewbel

Will Menarndt

Jon Monastero

Geovanni Alfredo Aguilar Paredes

Lukas Reichenbach

Carly Schuna

Ximo Sanç Silvestre

Chloe Somers

Rhys Thomas

L. Lewis Wall

Karl-Heinz Ziethen

Sobre el autor

THOM WALL ES UN malabarista estadounidense que se especializa en aprender trucos malabares del pasado. Ha actuado en 12 países de cuatro continentes, incluyendo una presentación de su espectáculo en solitario sobre historia, titulado *On the Topic of Juggling* [*Acerca de los malabares*] en la Smithsonian Institution de Wáshington, D. C. Thom también actuó en solitario dentro del espectáculo *Totem* de Cirque du Soleil, de gira entre 2014 y 2019.

En 2015, la Universidad Mesoamericana, sede de la tradicional escuela de circo de México, premió a Thom con la medalla Crotalus Scholaris. Este es el máximo honor que otorga esta institución, y le fue entregado para "reconocer indeleblemente su carrera como malabarista".

Thom tiene una maestría en administración de arte sin fines de lucro de la Universidad Drexel, una licenciatura en lenguas y literaturas germánicas de la Universidad de Washington en San Luis (Misuri), y certificaciones en educación de adultos de la Universidad de Cambridge.

Para saber más sobre Thom, visite su sitio web: www.thomwall.com

En esta foto, su servidor realiza el famoso truco de equilibrio con palos de golf de Joe Marsh (alrededor de 1930).

¡LIBRO ELECTRÓNICO GRATIS!

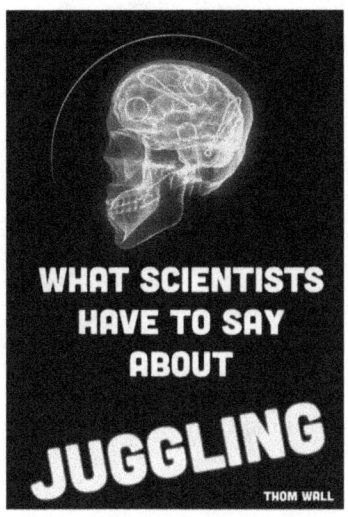

SI LE HA GUSTADO *Malabares: desde la antigüedad hasta la Edad Media*, puede que le interese leer *What Scientists Have to Say About Juggling*, un tratado de 15 páginas sobre lo que opinan los científicos sobre los malabares y el estado actual de la investigación en este tema. Este opúsculo, un éxito de ventas en Amazon, describe el malabarismo y sus efectos en el cuerpo y la mente de quien lo practica. (Inglés.)

¡Disponible ahora para descargar gratis!

http://thomwall.com/sciencebook

Esta es la explicación más nerd, *sin llegar a ser* nerd, *del estado actual de la investigación sobre el malabarismo en el mundo. Experiencias de primera mano con una pincelada de humor.*

Craig Quat: www.quatprops.com

En este libro electrónico se incluyen gran cantidad de datos procedentes de la investigación, a la vez que se presenta la información de forma atractiva y útil para los malabaristas. He estado practicando, enseñando y haciendo malabares en público durante unas dos décadas, ¡y he aprendido muchísimo! Tanto si acaba de descubrir un interés por los malabares como si está ya metido hasta el cuello, no se lo puede perder.

Jeremy Fein: www.feinmovement.com

Este documento es exhaustivo, interesante e informativo. Thom ha desenterrado algunas de las más jugosas exquisiteces académicas y científicas de nuestro arte para ayudar a legitimar y desestigmatizar la palabra "malabarista". El tiempo dedicado a la lectura de este libro no solo intrigará profundamente al lector ocasional, sino que fomentará el potencial educativo tanto de los maestros como de los aficionados.

Benjamin Domask: www.benjamindomask.com

Otros Títulos de Modern Vaudeville Press

Juggling: From Antiquity to the Middle Ages
Thom Wall
ISBN 978-0-578-41084-5
MSRP: $25USD / €23EUR

As with dance, so with juggling—the moment that the performer finishes the routine, their act ceases to exist beyond the memory of the audience. There is no permanent record of what transpired, so studying the ancient roots of juggling is fraught with difficulty. Using the records that do exist, juggling appears to have emerged around the world in cultures independent of one another in the ancient past. Paintings in Egypt from 2000 BCE show jugglers engaged in performance. Stories from the island nation of Tonga place juggling's creation with their goddess of the underworld—a figure who has guarded a cave since time immemorial. Juggling games and rituals are pervasive in isolated Inuit cultures in northern Canada and Greenland. Though the earliest representation of juggling is 4,000 years old, the practice is surely much older—in the same way that humans were doubtlessly singing and dancing long before the first bone flute was created.

This book is an attempt to catalogue this tangible history of juggling in human culture. It is the story of juggling, represented in art and writing from around the world, across time. Although much has been written about modern jugglers–specific performers, their props, and their routines–little has been said about those who first developed the craft. As juggling enters a golden age in the internet era, Juggling: From Antiquity to the Middle Ages offers a look into the past—to the origins of our art form.

Juggling: or How to Become a Juggler (the annotated edition)
Rupert Ingalese, Thom Wall
ISBN 978-1733971201
MSRP: $15USD / €13EUR

Rupert Ingalese, born Paul Wingrave, was a British juggler who worked in the first half of the 1900s, both as a juggler and as a producer and manager of variety shows across England. In 1917, he published the very first "learn to juggle" book, teaching in detail the methods used to learn traditional toss juggling as well as a variety of more esoteric juggling skills.

This edition offers complete annotations that add context to Ingalese's writing as well as asides that explain the work of other jugglers in the same time period.

Body Talk: Basic Mime
Mario Diamond
ISBN 978-1-7339712-1-8
MSRP: $15USD / €13EUR

Body Talk is Mario Diamond's detailed introduction to the art of mime. Body axes, illusions, and exploratory games are laid out accessibly for any learner.

The Midwest Book Review calls this book "...a highly recommended 'must' for any theater or drama reference collection and for producers and actors who want to translate mime's basics to better acting and cognitive results."

Games for Circus Educators, Organizers & Innovators
American Youth Circus Organization, compiled by Lucy Little
ISBN 978-1-7339712-2-5
MSRP: $20USD / €18EUR

With over 100 games organized for optimal use in cooperative, movement-based settings, this book is a must-have for every circus school, teaching artist, and arts education program! Games are organized by age, number of participants, energy level, and social/emotional learning outcome, and include special notes for working with a variety of populations that may require adaptation or modifications.

Pottery in Motion: A practical guide to the impractical art of plate spinning
Sam Veale
ISBN 978-1-7339712-3-2
MSRP: $15USD / €13EUR

Judging by the books already available with the words "Plate Spinning" in the title, there is a good chance that you picked this up because you are a working parent trying to balance your home life with a busy career. If so, I can't help you. This book deals with plate spinning in the strictly literal sense. Unless you are interested in spinning ceramic plates on sticks, I won't waste any more of your precious time, save to say, best of luck with the kids and the job.

If you are actually interested in spinning actual plates on actual sticks, then this is the book for you (but if you end up struggling to balance your home life with your busy career as a plate spinner, then don't say I didn't warn you).

Juggling: What It Is and How to Do It
Thom Wall; ft. Jay Gilligan, Fritz Grobe, Benjamin Domask-Ruh
ISBN 978-1-7339712-5-6
MSRP: $25USD / €20EUR
www.JugglingBook.com

Disponible en Español 2021/2022

Juggling: What It Is and How to Do It is the result of six years of work by former Cirque du Soleil juggler Thom Wall. This book teaches learners of all ages how to juggle – one of the world's oldest artforms. With a kind demeanor, humor, and enthusiasm, Wall explains the process of juggling through four different modalities, bolstered by the latest physical education research.

The practice of juggling has been proven time and time again to benefit the body and mind: it reduces stress, increases the brain plasticity and density, and is an age-old form of active meditation. *Juggling: What It Is and How to Do It* is a timely and accessible primer that even a middle-schooler can hit the ground running with, or one that families can enjoy together. But make no mistake, this book isn't child's play. With guest chapters by some of today's modern juggling masters, *Juggling* provides a wealth of content to span years of study for even the most serious adult learner.

www.ingramcontent.com/pod-product-compliance
Lightning Source LLC
Chambersburg PA
CBHW020255030426
42336CB00010B/782